Novas Formas Flexíveis de Trabalho

O Que Esperar Para o Futuro?

Novas Formas Flexíveis de Trabalho

O Que Esperar Para o Futuro?

Coordenadoras:
Adriana Calvo
Vanessa Morresi

LACIER

LACIER

Lacier Livraria e Editora
www.livrarialacier.com.br

Rua Doutor Quirino, 808 – Centro
CEP 13015-081 – Campinas, SP – Brasil

Março, 2023.

Diretor: *Lacier José de Rezende*
Diretor assistente: *Eduardo Soares Aureliano*
Projeto de capa: *Fabio Giglio*
Projeto gráfico e editoração eletrônica: *Peter Fritz Strotbek – The Best Page*

Ficha Catalográfica

Dados Internacionais de Catalogação na Publicação (CIP)
(Câmara Brasileira do Livro, SP, Brasil)

N936 Novas formas flexíveis de trabalho : o que esperar para o futuro?. / Coordenadoras: Adriana Calvo, Vanessa Morresi — 1. ed. — Campinas, SP : Lacier Editora, 2023.
142 p. ; 16 x 23 cm.

ISBN 978-65-88805-52-7

1. Direito do trabalho. 2. Teletrabalho — Aspectos jurídicos. 3. Teletrabalho — Aspectos sociais. 4. Teletrabalho — Covid-19. I. Calvo, Adriana. II. Morresi, Vanessa.

CDU 34.331.1(81)

Índices para catálogo sistemático:

1. Relações trabalhistas — Legislação

Angela Schmidt da Rosa – Bibliotecária – CRB-14/1171

Sumário

Prefácio

É com grande satisfação que apresento este livro de Direito sobre Formas Flexíveis de Trabalho e suas Perspectivas para o Futuro. A obra é resultado de um importante Congresso realizado pela Associação dos Advogados Trabalhistas de Santos e Região, com o apoio da OAB Santos e demais entidades de classe e patrocinadores.

Meu profundo agradecimento à advogada Dra. Adriana Calvo, coordenadora pedagógica do Congresso e desta obra, a todo o empenho para que pudéssemos reunir grandes nomes não só da advocacia, mas de áreas correlatas de um tema tão sensível e mutante.

O tema das formas flexíveis de trabalho é de extrema relevância nos dias atuais, em que a tecnologia tem transformado a maneira como as pessoas trabalham e se relacionam com o trabalho. O *home office*, o trabalho por demanda em plataformas digitais e nômades digitais, trabalho portuário e a terceirização, têm sido amplamente adotadas por empresas e trabalhadores em todo o mundo.

Que ele possa ser uma fonte valiosa de informação e reflexão para estudantes, profissionais e pesquisadores interessados no tema das formas flexíveis de trabalho e sua regulamentação. Agradeço também aos autores por suas contribuições e dedicação na elaboração dos capítulos deste livro.

Por fim, espero que este livro possa incentivar um diálogo mais amplo e profundo sobre as formas flexíveis de trabalho e seu impacto na vida dos trabalhadores e da sociedade como um todo. Que as reflexões e análises apresentadas aqui possam ajudar a construir um futuro do trabalho mais justo, inclusivo e sustentável.

Vanessa Morresi
Ex-Presidente da AATS,
Biênio 2019/2020 e 2020/2021.

Apresentação

É com grande honra que faço a apresentação desta grandiosa obra intitulada *"Novas formas flexíveis de trabalho: o que esperar para o futuro?*, sob minha coordenação acadêmica e da Vanessa Morresi.

A ideia de organizar este livro surgiu devido ao sucesso do evento realizado sob esta mesma temática no dia 04 de novembro de 2022 na sede da Associação dos Advogados Trabalhistas de Santos e Região — AATS.

O ineditismo desta obra está em oferecer uma visão moderna e crítica das novas formas flexíveis de trabalho, conciliando pesquisa teórica com aplicação prática em rotinas trabalhistas empresariais.

Vivemos um momento de esgotamento das relações de emprego típicas, padrão das economias do período fordista-taylorista, que garantia um ambiente de estabilidade de direitos trabalhistas para os trabalhadores.

O primeiro artigo desta obra trata do tema "*Um trabalho que se fez precário*", de autoria de Antonio Rodrigues de Freitas Júnior aborda o itinerário percorrido pela literatura jurídica para explicar o declínio da relação de emprego padrão (RET) e buscar definir os elementos do conceito de trabalho precário.

Na sequência, Jouberto de Quadros Pessoa Cavalcante analisa o desemprego tecnológico, a proteção do trabalho na União Europeia e elementos para a construção de uma proteção jurídica constitucional no Brasil.

Na mesma linha temática de olho na Revolução Digital, Fabiano Zavanella busca trazer ao leitor reflexões a respeito da inclusão digital como direito fundamental. O seu objetivo é endereçar a necessidade de desenvolvimento de políticas públicas que efetivamente promovam o exercício da cidadania e dos direitos humanos por meio da inclusão digital, possibilitando, inclusive, o combate à desigualdade social.

Após esta breve parte geral, a obra passa a analisar especificamente tipos de contratos flexíveis, tais como: terceirização, teletrabalho, trabalho portuário, trabalho sob demanda em plataformas digitais e nômades digitais.

Nesse sentido, Lorena Vasconcelos Porto escreve sobre a Terceirização e "*Pejotização*", analisando de forma crítica a recente jurisprudência do STF e a posição do Sistema Interamericano de Proteção Dos Direitos Humanos.

Na sequência, Lucas Rênio da Silva traz artigo crítico sobre o trabalho portuário e os impactos sofridos nessa modalidade com a economia 4.0.

Guilherme Guimarães Feliciano e Oscar Krost estudam o tempo de atividade e o teletrabalho no relatório do Grupo De Altos Estudos Do Trabalho (GAET).

Ainda, dentro do estudo do tema teletrabalho, Erotilde Ribeiro dos Santos Minharro escreve sobre o *home office* da era Covid-19 e seus principais desafios pós-pandêmicos como nova modalidade de teletrabalho emergencial.

Yone Frediani traz importantes reflexões sobre as novas relações flexíveis de trabalho na Era Digital e aborda tema importantíssimo e inédito na atualidade: os nômades digitais.

Por fim, para fechar a obra colaciono meu artigo, fruto das minhas pesquisas de estágio pós-doutoral na USP sobre a regulação jurídica do trabalho sob demanda na Califórnia.

Concluo esta apresentação da obra com a esperança de ter retratado o enorme esforço acadêmico de pesquisa dos nossos renomados autores e com o sentimento de que juntos pudemos contribuir, ainda que modestamente, para o estudo das futuras formas flexíveis de trabalho no Direito do Trabalho 4.0.

Março, 2023.

Adriana Calvo
Atualmente está realizando estágio Pós-Doutoral na Faculdade de Direito da USP (2023/2024). Doutora e Mestre em Direito das Relações Sociais pela PUC-SP. Professora Convidada de Direito do Trabalho do Curso FGV Direito RJ. Professora de Direito do Trabalho do curso de Pós-Graduação do Mackenzie/SP. Membro do Grupo de Pesquisa da USP (GETRAB). Membro do Grupo de Pesquisa da USP (GEMDIT). Ex-Conselheira da AATSP (biênio 2021/2022). Advogada trabalhista.

Um Trabalho Que se Fez Precário[1]

Antonio Rodrigues de Freitas Júnior[2]

1. Aspectos introdutórios

Falar de precarização de relações de trabalho não é escolha para zona de conforto. Cuida-se de tema: a) sujeito a muitas apropriações terminológicas; b) ainda pendente de decantação no plano conceitual; e c) que — feliz ou infelizmente — não mereceu até aqui definição pacificadora pelo direito.

Apesar de arriscado e desafiador como tema, a precarização não é um problema recente das relações de trabalho. Diria mesmo que foi ainda mais característica e intensa nas relações de trabalho durante os primórdios da Revolução Industrial. No Livro I d'O Capital, Parte VII (Acumulação do Capital), Capítulo XXIII (Lei Geral da Acumulação Capitalista), já em 1867 Marx faria referência ao assunto:

> Graças ao progresso da produtividade do trabalho social, quantidade sempre crescente de meios de produção pode ser mobilizada com dispêndio progressivamente menor de força humana. Este enunciado é uma lei na sociedade capitalista, onde o instrumental de trabalho emprega o trabalhador, e não este o instrumental. Esta lei se transmuta na seguinte: quanto maior a produtividade do trabalho, tanto maior a

(1) Versão parcialmente modificada e complementada dos apontamentos da apresentação oferecida como Prova de Erudição do Concurso para Professor Titular do Departamento de Direito do Trabalho, no Salão Nobre da Faculdade de Direito da Universidade de São Paulo, em 2 de agosto de 2022.

(2) Professor da Faculdade de Direito da Universidade de São Paulo. Advogado em São Paulo. Foi Secretário Nacional de Justiça do Ministério da Justiça (2002). Procurador Legislativo do Município de São Paulo (1992-2017). *Visiting Fellow* da *Cornell University* (2018 *Spring Term*). Prêmio Conselho Nacional de Justiça "Conciliar é Legal — Categoria Ensino Superior" (2017). Autor, mais recentemente, de *ON DEMAND* — Trabalho sob demanda em plataformas digitais (Belo Horizonte: Arraes Editores, 2020), e de Direito do Trabalho e populismo: de Vargas a Bolsonaro (Campinas: Lacier Editora, 2022).

> pressão dos trabalhadores sobre os meios de emprego, tanto mais precária, portanto, sua condição de existência, a saber, a venda da própria força para aumentar a riqueza alheia ou a expansão do capital (MARX, 1982, p. 748).

Sendo um fenômeno que está na origem do capitalismo, e que sempre esteve presente em todas as economias — variando de intensidade e de forma — a) como explicar a espantosa atenção que a precarização vem merecendo da literatura nos últimos vinte anos? b) o que o fenômeno do trabalho precário exibe de peculiar, no presente, que o faz alvo de intensa e crescente preocupação de economistas, sociólogos, juristas e de organismos internacionais como a Organização Internacional do Trabalho — OIT; além outros *think tanks* que se dedicam ao acompanhamento e à formulação de políticas para o aperfeiçoamento das relações de trabalho?

A resposta mais frequente a essas perguntas passa a) pelo persistente declínio que a relação de emprego típica exibe a partir dos anos 1980, (seja em economias centrais, seja em economias semiperiféricas como a do Brasil) e, especialmente b) pelo reconhecimento do insucesso das iniciativas políticas e das ferramentas jurídicas até aqui empregadas para que esse declínio fosse revertido ou ao menos estancado.

Por relação de emprego típica — RET (também chamada na literatura internacional por *standard employment relationship — SEP*, e entre economistas brasileiros por "relação de emprego padrão" — REP), compreende-se aquela contraída 1) por jornadas integrais, em geral de oito horas; 2) duração semanal plena, de regra variando entre trinta e cinco e quarenta e cinco horas; 3) por prazo indeterminado; 4) para serviço prestado diretamente ao empregador; 5) regulada por meio de normas legais e da negociação coletiva promovida por sindicatos e 6) coberta pela proteção da seguridade social e da infortunística.

A RET foi aquela tida como padrão nas economias que viveram o apogeu do fordismo-taylorismo, após o Segundo Pós-Guerra, proporcionando um ambiente de alguma segurança e cumplicidade entre seus sujeitos. Na síntese de Nogueira e Carvalho (2021, p. 8), um:

> vínculo estável, em tempo integral, dependente e socialmente protegido, em que padrões mínimos sobre a jornada de trabalho, remuneração, seguridade social e representatividade sindical são regulados por uma legislação ou acordos coletivos. A essa relação padrão estava associado

> também um salário familiar, quase sempre masculino, e a sua natureza estável e regular permitia aos empregados a possibilidade de um planejamento de longo prazo pessoal e familiar.

Num plano mais abrangente, os fatores que desencadearam o declínio da relação de emprego típica parecem agora satisfatoriamente conhecidos. Entre os mais significativos, e que não raro guardam entre si uma relação de recíproca causalidade, sublinho: 1) a crise do Estado de Bem-Estar Social, nas suas três espécies consagradas pela tipologia de Esping-Andersen (1990) — Estadunidense, Europeia continental e Escandinava; 2) a exaustão do modelo fordista-taylorista de organização da produção e do trabalho; 3) a intensificação selvagem da globalização; 4) o declínio do poder de organização, de negociação e de conflito dos sindicatos; 5) a reabilitação da legitimidade e da difusão de doutrinas liberais ortodoxas (que se convencionou indicar pela expressão genérica e não muito precisa de "neoliberalismo"), fortalecidas pelo recrudescimento de ideologias individualistas e "empreendedoristas", e 6) o fenômeno a que Habermas denominou de "esgotamento das energias utópicas" (HABERMAS, 1987)[(3)], mercê do poder simbólico exercido pelo fim da ex-União Soviética, em 1989 e da crise representatividade dos partidos de esquerda tradicionalmente fortes na cena política do Ocidente europeu.

Todos esses fatores operaram como uma "tempestade perfeita" sobre a relação de emprego típica, consolidando-se num intervalo de pouco mais de uma década após o início dos anos 1980.

No presente, considerando os indicadores da Pesquisa Nacional de Análise em Domicílio-PNAD Contínua – Primeiro Trimestre de 2022, agregando os números de trabalhadores "empregados informais" (sem registro + por conta própria sem CNPJ)= 39.3 milhões; aos "Subutilizados" ("desocupados" – 13.8 milhões + "Subocupados" – 7.469 milhões + "Força de Trabalho Potencial" – 9,979 milhões) = 31.3 milhões, alcançamos a ordem de grandeza de 70 (setenta) milhões de trabalhadores precarizados no Brasil.

Certamente tenho presente que a interferência do fenômeno do desemprego tem sido um forte indutor de precarização. Essa correlação, porém, não foi sempre tão direta e automática. No repertório da economia keynesiana, que orientou as políticas

(3) Discuto extensamente esse processo sob o ângulo do direito do trabalho em Freitas Júnior (1997 e 1999, cap. 2). Para a maneira pela qual vejo o declínio da relação de emprego típica cf. Freitas Júnior (2020).

entre os anos 1930 e 1970, o combate ao desemprego e os objetivos de "pleno emprego" operavam-se sobretudo por meio da ampliação da demanda agregada, e não da precarização da RET que caracteriza a resposta neoliberal a partir da década de 1980.

2. Da relação de emprego típica ao trabalho precário

A essa altura convém sintetizar o itinerário percorrido pela literatura nos últimos anos sobre o declínio da RET.

Primeiramente o olhar da literatura orientou-se para examinar o declínio da RET a partir de possíveis relações entre as dicotomias: formalidade x informalidade e tipicidade x atipicidade. À medida que os estudos foram se difundindo ficaria cada vez mais nítido que, embora a correlação entre ambas possa exibir alguma consistência estatística (trabalhos informais tendem a ser mais propensos a atipicidade, e vice-versa), sob o ângulo conceitual os fenômenos não se confundem. Em outros termos, relações de emprego típicas podem ser sujeitas à informalidade, ao mesmo tempo em que relações de trabalho atípicas, tais como o trabalho em jornada parcial, o trabalho temporário e os contratos a termo, podem ser e não raro são contratadas na forma da lei, até mesmo como garantia contra a emergência de passivos trabalhistas.

A partir do início dos anos 2000 diversos autores começaram a se interrogar em que medida os modelos analíticos já consagrados pela literatura precedente — que operavam especialmente a partir das dicotomias formalidade x informalidade; tipicidade x atipicidade, não estariam dando conta de a) compreender satisfatoriamente os efeitos do declínio da relação de emprego típica; e b) formular estratégias de ações e mecanismos jurídicos capazes de mitigar seus efeitos. Dizendo de outro modo: no ambiente de transformações políticas, jurídicas e econômicas, que se instaura a partir da segunda metade dos anos 1970, mesmo relações de emprego típicas e formais passariam a exibir características de insegurança e de desproteção anteriormente desprezíveis e despercebidas.

Se isso procede, seria necessário então examinar as causas dessa desproteção e insegurança — dessa precarização — de modo a que, além de incentivar a formalidade e a tipicidade, fosse possível agir no sentido de minorar seus efeitos.

É nesse intervalo de reexame das categorias até então utilizadas que começam a aparecer os primeiros estudos chamando a atenção para a precarização do trabalho e, por consequência, de seus efeitos nos arranjos familiares, vínculos sociais, saúde mental e na economia como um todo.

Tudo indica que foram os autores franceses que primeiro atentaram para a nova apresentação do fenômeno da precarização, examinando-o inclusive por essa denominação. Merece destaque, pela repercussão que seus trabalhos viriam a alcançar, as contribuições de Castel (1995); Appay (1997) e Bourdieu (1998).

Mais recentemente, os estudos sobre precarização estão difundidos internacionalmente, cabendo referência a importantes pesquisas de autores que se vêm dedicando sistematicamente ao tema, entre os quais sublinho as contribuições Cranford, Vosco, Zukewich (2003); Kalleberg (2009; 2018), Vosco (2010), e Fudge (2012). No Brasil destacaria, correndo o risco de omissões involuntárias, as contribuições de Krein e Proni (2010); Antunes e Filgueiras (2020), Nogueira e Carvalho (2021), sem falar no trabalho pioneiro de Freitas e Machado (1999).

Autores como Vosco (2010), entre outros, observam que o tema da precarização, assim como o da informalidade e o da atipicidade do emprego, têm sido examinados sob a ótica daquilo em que contrastam com a relação de emprego típica — RET. Também a doutrina da OIT e a maioria dos sistemas de proteção laboral, construídos ao longo do século XX, especialmente a partir do segundo pós-guerra nos países ocidentais, adotaram os contornos da RET como o padrão dominante. Essa dominância, entretanto: 1) não se deu da mesma forma nem pelos mesmos itinerários em todos os países (DEDECCA 2005), 2) não foi igualmente protetora para homens e mulheres (HIRATA, 2009), e 3) como destaca Braga em sua "A política do precariado" (2012), o êxito da RET e o do fordismo durante os Trinta Gloriosos nas economias centrais, explica-se em grande parte pela precarização do trabalho na periferia do capitalismo.

De qualquer modo, o fato é que o declínio da RET impôs aos modelos econômicos, categorias sociológicas e particularmente aos sistemas jurídicos de proteção o desafio de empreender uma profunda revisão em seus fundamentos.

3. Trabalho precário e figuras afins: peculiaridades terminológicas

Diversos termos gravitam em torno da noção de trabalho precário, e embora claramente relacionados com ele, exibem cada qual uma acepção específica.

Refiro-me em particular às qualificações: trabalho 1) atípico; 2) informal; e 3) contingente.

Vimos que o trabalho atípico — *non-standard* — é todo aquele que prestado fora da moldura da RET.

Já por trabalho informal designam-se aquelas atividades laborais desempenhadas sem a observância de requisitos formais da lei, assim compreendidos tanto os que exibem e os que não exibem ilicitude no objeto da prestação. Desse modo, ainda que existam bons motivos para afirmar que a relação de trabalho informal encerre em si mesmo ao menos uma ilegalidade ou ilicitude formal, não quer isso dizer que a natureza da ocupação seja em si mesma ilícita, proibida ou criminosa.

Por sua vez, a ideia de trabalho contingente é a que mais se aproxima da noção de trabalho precário, embora guarde com essa importante diferença. Trabalho contingente é aquele prestado sob demanda exclusivamente ditada pelo mercado. Por esse motivo é também denominado trabalho "sob demanda" e trabalho na economia do bico (*gig economy*). Nessa modalidade de relação de trabalho habitualmente se incluem o trabalho "intermitente" e aquele praticado em países do Reino Unido sob a forma de contrato de zero-hora (*zero-hour contract*). As figuras jurídicas por meio das quais em geral o trabalho contingente é prestado tendem claramente a ensejar relações de trabalho precário, mas com ele não se confundem. E assim porque a precarização do trabalho resulta de outros fatores, além daqueles acarretados por sua demanda contingente. Em termos práticos, num cenário de economia aquecida e para algumas atividades laborais caracterizadas por demanda errática (serviços de reparo, eventos, serviços de profissionais liberais, *v.gr*), o trabalhador sob demanda não necessariamente experimenta a insegurança e a incerteza da precarização. A recíproca é ainda mais relevante para a distinção conceitual: diversas categorias de trabalhadores, cuja demanda é pré-contratada e regular, sujeitam -se aos efeitos da precarização por força de outras vulnerabilidades. Esse é, por exemplo, o caso dos migrantes indocumentados, trabalhadores transgênero, trabalhadores integrantes de comunidades tradicionais e originárias, etc. Em outras palavras: mais além da intermitência na demanda, há outros fatores que engendram vulnerabilidades e que sujeitam trabalhadores a relações de trabalho precário.

Dito isso, fica-nos então o desafio de apresentar uma definição para trabalho precário.

4. Elementos para um conceito de trabalho precário

Atualmente há diversas proposições tendentes a dar conta desse desafio, de modo que o oferecimento de um arrolamento extenso seria tedioso e, em grande medida, desnecessário: a maioria das definições aponta para elementos cardeais convergentes.

É interessante notar que as definições para trabalho precário tendem a indicar seus predicados pelo contraste com os predicados da RET. Isso não parece afastar-se de todo das particularidades do trabalho precário. Outros, como Nogueira e Carvalho

(2021), utilizam-se do contraste para caracterizar trabalho precário ante os predicados da noção de trabalho decente (ou digno, na tradução preferida em Portugal), numa linha semelhante àquela preconizada pela OIT.

Em lugar de uma definição, tenciono aqui apresentar os ingredientes que reputo decisivos para a construção de um conceito, analiticamente operativo e politicamente funcional, para a ideia de trabalho precário.

O ponto de partida e o roteiro que sugiro aqui seguem de perto as proposições resultantes do Simpósio de 2011 promovido pelo *Bureau of Workers' Activity – ACTRAV*, no âmbito da Organização Internacional do Trabalho (ILO, 2012).

O roteiro do ACTRAV exibe um verdadeiro decálogo de proposições orientadas para informar uma definição de trabalho precário:

1. Um meio de "transferência de risco e responsabilidades" do empregador em direção ao trabalhador (HACKER, 2006)[(4)];
2. fenômeno presente na economia formal e informal (CASTEL, 1995)[(5)];
3. caracterizado por múltiplas configurações jurídicas (objetivas) de incerteza e insegurança (tempo parcial, temporário, avulso, eventual e contrato a termo);
4. e por variados níveis e graus subjetivos de incerteza e insegurança [os célebres quatros "As" de Guy Standing (2011): *Anger; Anomy; Anxiety; Alienation* — raiva, indiferença, frustração e autoexclusão];
5. incerteza quanto à duração do trabalho;
6. múltiplos e indefinidos empregadores possíveis (STONE, 2006; WEIL, 2014; PRASSL, 2015)[(6)];

---

(4) Numa perspectiva semelhante àquela anteriormente apontada por um trabalho seminal do Professor da Universidade de Yale Jacob Hacker (2006, X), para quem "The Great Risk Shift is not just an economic change; it's also an ideological change. For decades, Americans and their government were committed to a powerful set of ideals — never wholly achieved, never without internal tension — that combined a commitment to economic security with a face to economic opportunity. (...) — all sent the reassuring message: someone is watching out for you, *all of us are watching out for you* when things go bad. Today the message is starkly different: You are on your own (...). And yet what do our political leaders tell us? They tell us we have to take 'ownership' of our economic future."

(5) Já em 1995 Robert Castel chamara a atenção para o que denominou "precarização dos estáveis".

(6) Tenho em mente aqui as bem conhecidas formulações da Professora da Universidade da Califórnia — Berkeley, Katherine Stone ("empregados sem empregadores"); do Professor da Universidade Brandeis – MA

7. relações de emprego ambíguas ou mascaradas (*disguised*);

8. falta de acesso a variadas modalidades de proteção social (previdenciária, infortunística, saúde), em geral vinculadas à relação de emprego;

9. baixa remuneração; e

10. obstáculos práticos e jurídicos à organização sindical e à cobertura da negociação coletiva do trabalho.

5. Consequências da precarização para o nosso tempo

Proponho organizar as várias consequências da precarização em algumas categorias: consequências 1) objetivas, para o trabalhador e seus familiares; 2) subjetivas com referência a todos os que se aproximam do mundo do trabalho; 3) para a efetividade dos da proteção jurídico-laboral; e 4) consequências políticas para a democracia como um todo.

5.1. Sob o ângulo dos fatores objetivos que afetaram o trabalhador, ocasionados pela precarização do trabalho, sobressai um acentuado decréscimo na remuneração média, uma importante redução nos horizontes de construir uma carreira profissional; e o crescimento na exposição a acidentes de trabalho e doença profissional, que estatisticamente evoluem na razão inversa da segurança e estabilidade no emprego. Ante tais fatores, a família característica dos Trinta Gloriosos sofreu uma erosão em seus padrões de estabilidade, antes radicados na expectativa de que o "provedor chefe de família" seria capaz de arcar com os custos de uma vida em certa medida confortável e previsível para seus membros. Tais mudanças claramente repercutem na vida do trabalhador sob o ponto de vista de sua capacidade de endividamento, poder aquisitivo e construção de um pecúlio no médio e longo prazo.

5.2. Para indicar as consequências subjetivas, não vejo uma síntese mais feliz que os quatros "As" da conhecida e aqui já mencionada formulação de Guy Standing. Com efeito, o impacto na saúde mental do trabalhador, decorrente da perda de qualquer horizonte de previsibilidade, estabilidade e segurança, pode

---

e assessor das Administrações Obama e Biden, David Weil ("empregador fragmentado — *fissured workplace*"); e as prospecções também influentes sobre as transformações na configuração do empregador, preconizadas pelo jovem Professor da Faculdade de Direito da Universidade de Oxford e do Magdalen College, Jeremias Prassl.

ser sintetizado nas quatro angústias referidas: raiva, indiferença, frustração e autoexclusão. Evidente que para muito além do impacto em sua autoestima, o abandono de um cenário de expectativa laboral relativamente segura e estável, realocou em grande medida os papéis dos demais integrantes da família.

5.3. No que respeita às consequências da precarização sobre a efetividade da proteção promovida pelo repertório do direito do trabalho, consolidado em uma expectativa de universalização da RET, elas não poderiam ser mais devastadoras. Com efeito, o papel da disposição legal e da negociação coletiva do trabalho na regulação no trabalho, os mecanismos administrativos de fiscalização e de indução, e a própria moldura dogmática, estruturante da relação de emprego, necessitam de um amplo e despojado exercício de revisão e reformulação. Estou entre os que acreditam que a alternativa para a precarização não é mais precarização (flexibilização, desregulação e devolução da relação de emprego ao terreno do mercado). Esse repertório já se mostrou ineficaz, senão mesmo perversamente indutor de mais precariedade, insegurança e desalento. Por outro lado, insistir em conferir aos desafios impostos pela precarização uma atitude retórica, de denúncia e responsabilização do neoliberalismo, ainda que seja historicamente justificável, não parece politicamente eficaz.

5.4. De algum modo tudo parece apontar para estratégias que levem em conta o concerto de um novo pacto de solidariedade e de sujeição dos antagonismos ao diapasão do diálogo e da busca pelo entendimento, entre os atores políticos relevantes comprometidos com os fundamentos do Estado Democrático de Direito. As proposições em favor de práticas do "diálogo social", tantas vezes reiteradas pela OIT, estão longe de expressar um itinerário político: *naïf* ou piegas; ao menos se por pieguice adjetivarmos os esforços da diplomacia e da Cultura da Paz. Não quer isso dizer que constituam um itinerário fácil nem isento de retrocessos e frustrações. Até aqui, ao menos, parece o único isento do risco autoritário e da crença no predomínio da inércia e da desesperança.

6. Referências bibliográficas

ANTUNES, Ricardo; FILGUEIRAS, Vitor. Plataformas Digitais, Uberização e Regulação no Capitalismo Contemporâneo. *Contracampo*, vol. 39, n. 1, Niterói, abr./jul. 2020, p. 27-43.

Mozère Liane. Béatrice Appay, Annie Thébaud-Mony (Edss) – Précarisation sociale, travail et santé. Paris. 1997. IRESCO-CNRS. In: Cahiers du Genre, n. 24, 1999. Temporalités du social et sexuation. p. 154-158.

BOURDIEU, Pierre. La précarité est aujourd'hui partout. *Contre-feux*. Paris: Liber-Raison D'Agir, 1998; p. 95-101.

BRAGA, Ruy. *A política do precariado:* do populismo à hegemonia lulista. São Paulo: Boitempo, 2012.

CASTEL, Robert. *Les métamorphoses de la question sociale.* Une chronique du salariat. Paris: Fayard, 1995.

CRANFORD, Cynthia; VOSCO, Leah F.; ZUKEWICH, Nancy. Precarious Employment in the Canadian Labour Market: a Statistical Portrait. *Just Labour*, vol. 3, Fall, 2003, p. 6-22 (Forum on Precarious Employment, 2003).

DEDECCA, Claudio Salvadori. Notas sobre a Evolução do Mercado de Trabalho no Brasil. *Revista de Economia Política*, n. 52, n. 1 (97); jan./mar. 2005; p. 94-111.

ESPING-ANDERSEN, Gosta. *The Three Worlds of Welfare Capitalism.* Princeton: Princeton University Press, 1990.

FREITAS, Carlos Eduardo Soares de Freitas. MACHADO, Maria Salete. Desregulamentação e precarização nas relações formais do trabalho no Brasil dos anos 90. *Revista Ser Social*, n. 5, jul./dez. 1999; p. 65-85.

FREITAS JÚNIOR, Antonio Rodrigues de. *Globalização, Mercosul e Crise do Estado-Nação:* perspectivas para o direito numa sociedade em mudança. São Paulo: LTr, 1997.

______. *Direito do trabalho na era do desemprego:* instrumentos jurídicos em políticas públicas de fomento à ocupação. São Paulo: LTr, 1999.

______. *ON DEMAND* 3 Trabalho sob demanda em plataformas digitais. Belo Horizonte: Arraes Editores, 2020.

FUDGE, Judy. Precarious Migrant Status and Precarious Employment: The Paradox of International Rights for Migrant Workers. *Comparative Labor Law and Policy Journal*, 34 (1), 2012, p. 94-132.

HABERMAS, Jürgen. A nova intransparência: a crise do Estado de Bem-Estar Social e o esgotamento das energias utópicas. *Novos Estudos*, n. 18 (set. 1987); p.103-114.

HACKER, Jacob S. *The Great Risk Shift* — The Assault on American Jobs, Families, Health Care and Retirement AND HOW YOU CAN FIGHT BACK. Oxford: Oxford University Press, 2006.

HIRATA, Helena. A precarização e a divisão internacional e sexual do trabalho. *Sociologias*, Porto Alegre, ano 11, n. 21, jan./jun. 2009, p. 24-41.

KALLEBERG, Arne. O Crescimento do trabalho precário. *Revista Brasileira de Ciências Sociais*, vol. 24, n. 69 (2009); p. 21-30.

______; VALLAS, Steven. Probing Precarious Work: Theory, Research, and Politics. In: KALLEBERG, Arne; VALLAS, Steven (Orgs.). *Precarious Work.* Bingley-UK: Emerald Publishing Limited, 2018, p. 1-32

KREIN, J. D.; PRONI, M. W. *Economia informal:* aspectos conceituais e teóricos. Brasília: OIT, 2010. (Trabalho Decente no Brasil; Documento de Trabalho, n. 4).

MARX, Karl. *O Capital*— Crítica da Economia Política. Tradução Reginaldo Sant'Anna. São Paulo: Difel, 1982. 6 Vols.

NOGUEIRA, Mauro Oddo. CARVALHO, Sandro. Trabalho precário e informalidade: desprecarizando suas relações conceituais e esquemas analíticos. *IPEA* — Textos para discussão, n. 2707. Rio de Janeiro: IPEA, dezembro de 2021.

ORGANIZAÇÃO INTERNACIONAL DO TRABALHO. *From precarious work to decent work:* outcome document to the workers' symposium on policies and regulations to combat precarious employment. (International Labour Office, Bureau for Workers' Activities. — Geneva: ILO, 2012). Disponível em: <https://www.ilo.org/wcmsp5/groups/public/---ed_dialogue/---actrav/documents/meetingdocument/wcms_179787.pdf>. Acesso em: 23 jul. 2022.

PRASSL, Jeremias. *The concept of employer.* Oxford: Oxford University Press, 2015.

STANDING, Guy. *The Precariat* — The New Dangerous Class. London-New York: Bloomsbury Academic: 2011, 198 p.

STONE, Katherine. Legal Protection for Atypical Employees: Employment Law for Workers Without Workplaces and Employees Without Employers. *Berkeley Journal of Employment & Labor Law*, vol. 27, (2), sept. 2006, p. 253-286.

VOSKO, Leah. *Managing the margins:* gender, citizenship, and the international regulation of precarious employment. Oxford: Oxford University Press – Oxford Academic, 2010.

WEIL, David. *The Fissured Workplace* — Why Work Became So Bad for So Many and What can Be Done to Improve it. Cambridge – London: Harvard University Press, 2014.

O Desemprego Tecnológico, a Proteção do Trabalho na União Europeia e Elementos Para a Construção de Uma Proteção Jurídica Constitucional no Brasil[1]

Jouberto de Quadros Pessoa Cavalcante[2]

"Estamos sendo afligidos por uma nova doença da qual alguns leitores podem ainda não ter ouvido o nome, mas da qual ouvirão muito nos próximos anos — ou seja, o desemprego tecnológico." John Keynes. *Economic Possibilities for our Grandchildren, 1930.*

1. O desemprego estrutural e o desemprego tecnológico

Além de ser um problema econômico, o desemprego é um problema social, político e pessoal. Apesar disso, como fenômeno social e econômico, o desemprego não encontra fácil conceituação.[3]

Etimologicamente, o termo "emprego" significa "ocupação em serviço público ou privado",[4] enquanto o vocábulo "desemprego" é a ausência de emprego, a ociosidade

---

(1) O texto apresentado se propõe a revistar e trazer outras reflexões sobre o tema a partir do livro Sociedade, tecnologia e a luta pelo emprego, de autoria de Jouberto de Quadros Pessoa Cavalcante, publicado pela LTr Editora (2018).

(2) Professor Convidado em diversos Cursos de Pós-Graduação Lato Sensu e Stricto Sensu. Doutor em Direito do Trabalho pela Faculdade de Direito da Universidade de São Paulo (USP). Mestre em Direito Político e Econômico pela Universidade Presbiteriana Mackenzie. Mestre em Integração da América Latina pela USP/PROLAM. Membro da Academia Paulista de Letras Jurídicas. Autor de diversos livros e artigos jurídicos.

(3) FREITAS JUNIOR, Antônio Rodrigues de. *Direito do trabalho na era do desemprego:* instrumentos jurídicos em políticas públicas de fomento à ocupação, p. 27.

(4) HOUAISS, Antônio; VILLAR, Mauro de Salles; FRANCO, Francisco Manoel de Mello. *Dicionário Houaiss da língua portuguesa*, p. 1.128.

involuntária de quem busca e tem interesse em trabalhar e não encontra quem o empregue.[5]

Os diversos estudos existentes sobre o tema indicam que o contrato formal de trabalho pode ser extinto por motivos relacionados à pessoa do empregado, ao empregador ou ainda às condições objetivas de trabalho e de produção. Entre as principais causas, Nelson Mannrich[6] aponta: a) dificuldades econômicas; b) crise econômica do setor; c) mau gerenciamento; d) inovações e mudanças tecnológicas; e) perda de interesse do empresário pelo empregado em razão de sua não adaptação às mudanças; f) excesso de ausência; g) enfermidades; h) tensões pessoais entre empregado e empresário etc.

Do ponto de vista econômico, o custo do desemprego é a perda de produção e renda, isto é:

> "Os bens e serviços que os desempregos poderiam produzir (e a renda que poderiam ganhar) se estivessem trabalhando, mas que não produzem porque não conseguem encontrar emprego. Essa perda de produto e de renda não poderá jamais ser recuperada em períodos futuros. Outro custo econômico relevante diz respeito à diminuição da capacidade produtiva da economia em razão da perda de capital humano. Isso ocorre porque as habilidades da mão de obra se deterioram quando ela se encontra desempregada."[7]

Com isso, o desemprego afeta toda a sociedade,[8] com impacto direto no custo da produção (encarecimento), a perda da qualidade técnica dos trabalhadores e o aumento dos gastos com o financiamento dos programas de assistência social, além dos problemas sociais que gera.

Considerando as diversas causas, é possível classificar o desemprego em espécies: friccional, sazonal, cíclico e estrutural.

O desemprego friccional (ou desemprego natural) ocorre quando se têm indivíduos desempregados temporariamente e é vivenciado por pessoas ou que estão no processo de mudança voluntária de emprego ou que foram despedidas e estão

(5) HOUAISS, Antônio; VILLAR, Mauro de Salles; FRANCO, Francisco Manoel de Mello. Ob. cit., p. 979.

(6) MANNRICH, Nelson. *Dispensa coletiva:* da liberdade contratual à responsabilidade social, p. 22.

(7) PASSOS, Carlos Roberto Martins; NOGAMI, Otto. *Princípios de economia*, 6. ed., p. 518.

(8) MANNRICH, Nelson. *Dispensa coletiva*: da liberdade contratual à responsabilidade social, p. 21-22.

procurando um novo trabalho ou ainda que estão no mercado de trabalho buscando emprego pela primeira vez.[9] Em outras palavras, é

> "[...] originado pela saída de seus empregos de alguns trabalhadores que procuram outros melhores, porque algumas empresas estão atravessando uma crise, ou porque os novos membros da força de trabalho levam um certo tempo procurando emprego."[10]

O desemprego sazonal decorre das alterações de ritmos de determinados tipos de atividades econômicas, como agricultura e o turismo, o que acaba por afetar o número de empregados envolvidos nessas atividades.

Ocorrerá o desemprego involuntário (desemprego cíclico), quando as pessoas que desejam trabalhar não encontrarem emprego, como decorrência de uma fase de recessão do ciclo econômico[11] e de insuficiência de emprego para todos.

Por fim, o desemprego estrutural é aquele que tem como causa:

> "[...] não apenas por fatores transitórios de crise nas economias nacionais, mas, diversamente, um fenômeno produzido por fatores que residem no próprio modelo de estruturação da economia: vale dizer: em seus ingredientes constitutivos. Desse modo é possível falar em desemprego produzido pelo próprio crescimento e pela modernização da economia, onde quer que se caracterizem pela crescente incorporação de tecnologias redutoras da necessidade de trabalho humano direto, bem como da progressiva globalização das relações de produção e dos mercados, com suas importantes projeções, seja no terreno da dispersão internacional das etapas de produção, seja no da própria transnacionalização dos agentes econômicos".[12]

Em outras palavras, o desemprego estrutural é desencadeado por diversos "fatores de mercado", "[...] tais como mudanças na tecnologia de produção (aumento da mecanização e automação) ou nos padrões de demanda dos consumidores (tornando obsoletas certas indústrias ou profissões)".[13]

---

(9) PASSOS, Carlos Roberto Martins; NOGAMI, Otto. *Princípios de economia*, 6. ed., p. 517.

(10) TROSTER, Roberto Luis; MOCHÓN, Francisco. *Introdução à economia*, p. 354.

(11) PASSOS, Carlos Roberto Martins; NOGAMI, Otto. *Princípios de economia*, 6. ed., p. 516.

(12) FREITAS JUNIOR, Antônio Rodrigues de. *Direito do trabalho na era do desemprego:* instrumentos jurídicos em políticas públicas de fomento à ocupação, p. 30-31.

(13) PASSOS, Carlos Roberto Martins; NOGAMI, Otto. *Princípios de economia*, 6. ed., p. 516.

Em um discurso histórico (1930), após destacar aspectos históricos do crescimento econômico e tecnológico, John Keynes afirma que: "Estamos sendo afligidos por uma nova doença da qual alguns leitores podem ainda não ter ouvido o nome, mas da qual ouvirão muito nos próximos anos — ou seja, o desemprego tecnológico".(14)

Elaborado pelo Comitê The Santa Barbara Center of the Study of Democratic Institutions nos anos 1960, o Memorando The Triple Revolution(15) já apontava para uma "revolução cibernética" (automação) permitiria um sistema de capacidade produtiva quase ilimitado, com a redução dos trabalhadores manuais e, consequentemente, o aumento dos níveis de desemprego (*technological unemployment*).

Com o objetivo de esclarecer a questão do desemprego estrutural, ao procurar identificar suas causas e a hierarquia entre elas, Jacob Gorender(16) afirma que, entre outras de natureza de política e econômica:

> "Não há razão para duvidar que a tecnologia informacional e a organização do trabalho conforme a produção enxuta são causas do desemprego estrutural. Difícil é estabelecer o quanto cabe a cada qual desses fatores. A introdução de dispositivos informatizados (robôs, MFCMC, microprocessadores etc.) elimina postos de trabalho, porém é duvidoso que o faça em maior proporção do que a reengenharia, o enxugamento, a reestruturação organizacional. O fato é que seja por via da automação eletrônica, seja por via da remodelação do layout organizativo da empresa, os empregos somem aos milhares e aos milhões, enquanto aumenta a carga de trabalho sobre aqueles que continuam empregados."

Nesse contexto, são inegáveis os vários aspectos positivos da tecnologia, quando as inovações tecnológicas são aplicadas no ambiente de trabalho para evitar acidentes e doenças decorrentes do trabalho, ou seja, para substituir o trabalhador em tarefas extenuantes,

> "[...] quando beneficia sobremaneira a sociedade através da redução de valores a serem pagos por serviços essenciais ou quando agiliza a prestação destes, para inserção de pessoas com deficiência no mercado de trabalho, entre outras benesses."(17)

---

(14) KEYNES, John Maynard. *Economic Possibilities for our Grandchildren*. Disponível em: <http://www.econ.yale.edu/smith/econ116a/keynes1.pdf>.

(15) Comitê The Santa Barbara Center of the Study of Democratic Institutions. Memorando The Triple Revolution. *International Socialist Review*, v. 24, n. 3, p. 85-89. 1964.

(16) GORENDER, Jacob. Globalização, tecnologia e relações de trabalho. *Estudos Avançados*, v. 11, n. 29, p. 27, jan.-abr. 1997.

(17) DINIZ, Patrícia Dittrich Ferreira. *Trabalhador* versus *automação:* impactos da inserção da tecnologia no meio ambiente do trabalho à luz da tecnodireito e da tecnoética, p. 150.

Contudo, também podem ser identificados aspectos negativos.(18)

> "[...] Entretanto, também pode resultar em consequência drástica para a sociedade na medida em que gera dispensas individuais e/ou coletivas, cria o desemprego estrutural; enseja, em muitos casos, a alienação do trabalhador; descontextualiza trabalhadores não jovens, que não cresceram neste mundo informatizado, e por vezes sofrem para se amoldar à nova realidade, os chamados informaginalizados, entre diversos malefícios [...]."(19)

Ao discorrer sobre a evolução das máquinas e robôs e seus aspectos na produção de bens e na economia, John Lanchester(20) assinala que os trabalhos mecanicamente precisos e repetitivos já foram automatizados e que estamos acostumados apenas com automatização da linha de montagem das fábricas. Por outro lado, "estamos menos habituados com a ideia de que os tipos de trabalhos feitos por funcionários, ou advogados, por analistas financeiros, ou jornalistas, ou bibliotecários, podem ser automatizados. O fato é que ele pode ser, e será, e em muitos casos já é".

Para Hubert Schmitz(21) "apenas uma coisa parece clara", as inovações tecnológicas "economizam" mão de obra e, assim, reduzem o número de trabalhadores envolvidos no processo de produção do ramo onde são aplicadas.

Os estudos da Science Council of Canada Report (1982) indicavam que 25% dos empregos no Canadá seriam extintos como consequência da automação até o final do século XX.(22)

Adam Schaff,(23) após discorrer sobre o aumento da produtividade e da riqueza social pela automação e pela robotização, afirmou que, nos Estados Unidos, 35 milhões de empregos seriam eliminados nos anos 1990.

Ao destacar alguns pontos positivos da inovação tecnológica no trabalho, como a eliminação de trabalhosos cálculos e escritas pelos computadores, Carl Benedikt

(18) "Toda máquina e toda criação tecnológica estão vinculadas à etapa correspondente de um processo social, onde têm origem. São as condições vigentes na sociedade, as relações entre os produtores, que ditarão as possibilidades de positivo ou negativos aproveitamento dos instrumentos e das técnicas" (PINTO, Álvaro Vieira. *O conceito de tecnologia*, v. 1, p. 105).

(19) DINIZ, Patrícia Dittrich Ferreira. Ob. cit., p. 150.

(20) LANCHESTER, John. The Robots Are Coming. *The Paris Review*. Disponível em: <http://www.lrb.co.uk/v37/n05/john-lanchester/the-robots-are-coming>.

(21) SCHMITZ, Hubert. Automação microeletrônica e trabalho: a experiência internacional. *Automação, competitividade e trabalho:* a experiência internacional, p. 133.

(22) SCHAFF, Adam. *A sociedade informática:* as consequências sociais da segunda revolução industrial, 4. ed., p. 28.

(23) SCHAFF, Adam. *A sociedade informática:* as consequências sociais da segunda revolução industrial, 4. ed., p. 27-40.

Frey asseverou que "deveríamos ficar felizes que muitos desses empregos desapareceram".[24] Apesar disso, reconhece o pesquisador, os números indicam que o mercado de trabalho não está evoluindo rápido o suficiente para acompanhar essas mudanças. Para Carl Benedikt Frey, a economia digital não criou muitos empregos diretos e os empregos criados concentram-se nas grandes cidades.

Em estudo econômico, Carl Benedikt Frey e Michael A. Osborne[25] concluíram que 47% do emprego total dos EUA corre risco de ser extinto pela implementação tecnológica. Pois, como: "Já foi dito que automação, substituindo o trabalho do cérebro e não apenas o dos músculos, está rapidamente tornando o homem obsoleto".[26]

É necessário perceber que, como acentua Hubert Schmitz,[27] o efeito da "destruição de empregos" será mais grave nos países em desenvolvimento, pois a criação de empregos nesses países encontra-se em uma situação desvantajosa, porque as novas tecnologias, quando importadas, mantêm os empregos nos países mais desenvolvidos (países de origem). Além disso, certamente afetará a competitividade nas indústrias desses países.

> "O que eles têm de mais vantajoso é, acima de tudo, o baixo custo dos salários. As novas possibilidades da automação podem abalar esta vantagem, já havendo indícios de que este fator está prejudicando as exportações dos países em desenvolvimento e levando a uma relocalização da produção nos países desenvolvidos [...]."[28]

Nos Estados Unidos, Gilberto Dupas[29] considera existir uma "destruição criativa", pois,

> "[...] dada sua vibrante condição econômica e o fato de sediar a maioria das grandes transnacionais globais, muito mais oportunidades de emprego têm sido criadas do que destruídas nos Estados Unidos, diferentemente dos demais países."[30]

---

(24) NUWER, Rachel. Conheça os empregos ameaçados pela automação (e os novos que surgirão). *BBC Future*, de 07.08.2015. Disponível em: <http://www.bbc.com/future/story/20150805-will-machines-eventually-take-on-every-job>.

(25) FREY, Carl Benedikt Frey; OSBORNE, Michael A. *The future of employment:* how susceptible are jobs to computerisation? Disponível em: <http://www.oxfordmartin.ox.ac.uk/downloads/academic/The_Future_of_Employment.pdf>.

(26) PINTO, Álvaro Vieira. *O conceito de tecnologia*, v. 2, p. 525.

(27) SCHMITZ, Hubert. Automação microeletrônica e trabalho: a experiência internacional. *Automação, competitividade e trabalho:* a experiência internacional, p. 144.

(28) SCHMITZ, Hubert. Ob. cit., p. 145.

(29) DUPAS, Gilberto. *Ética e poder na sociedade da informação: de como a autonomia das novas tecnologias obriga a rever o mito do progresso*, 3. ed., p. 46.

(30) DUPAS, Gilberto. Ob. cit., p. 46.

Segundo o estudioso,(31) esse processo ocorre por conta da migração do capital da tecnologia existente para outras novas, em um processo contínuo de realocação do capital, possibilitando produtos financeiros.

No Brasil, os sindicatos, na década de 1980, já enfatizavam que a implementação tecnológica também é um "[...] elemento de concentração de capital que, em consequência do uso que é feito, ocasiona o desemprego, a sobrecarga de trabalho, as doenças profissionais, as quais normalmente são decorrentes da utilização da tecnologia".(32)

Para o Banco Mundial(33) (2016), os temores relacionados ao desemprego tecnológico remontam à revolução industrial e não passa de uma falácia, pois "ao longo dos séculos as economias adaptaram-se a grandes mudanças nos mercados de trabalho — tendo sido a maior delas, sem dúvida, o êxodo da agricultura".

No relatório da Instituição Internacional, é destacado que a *internet* promove a inclusão de empresas na economia global, permitindo a expansão do comércio, com o crescimento da produtividade do capital, aumento da concorrência, geração da inovação e a criação de empregos.(34) Acrescenta que a tecnologia também reduz a necessidade de os seres humanos realizarem trabalhos pesados, repetitivos ou perigosos.

Não obstante, o próprio Banco Mundial reconhece que o número de empregos criados pelas tecnologias digitais é bastante modesto (nos países da OCDE, entre 3% e 5% dos empregos)(35) e ressalta ainda que mais de 50% dos empregos no mundo estão suscetíveis à automação.(36)

Em seu relatório, o Banco Mundial(37) enfatiza:

> "Embora haja muitos relatos de êxito, o efeito da tecnologia sobre a produtividade global, expansão da oportunidade para as pessoas de baixa renda e da classe média, bem como a generalização de governança responsável têm, até agora, ficado aquém da expectativa. As empresas estão mais conectadas do que nunca, mas o ritmo de crescimento da produtividade global tem diminuído. As tecnologias digitais estão mudando o mundo do trabalho, mas os mercados de mão de obra tornaram-se

---

(31) *Idem.*

(32) GOMES, Jorge Luiz (debatedor). Palestra: Perspectiva da automação nas formas de produção no Brasil, ministrada por José Ricardo Tauile. *Anais do 1º Encontro Regional:* impactos da automação sobre o trabalho, p. 38-39.

(33) Banco Mundial. *Relatório sobre o Desenvolvimento Mundial 2016.* Dividendos Digitais, p. 23.

(34) Banco Mundial. Ob. cit., p. 11.

(35) Banco Mundial. Ob. cit., p. 14.

(36) "Cada vez mais, as máquinas podem executar tarefas de rotina com mais rapidez e menor custo do que os seres humanos e muito do que não é considerado rotina hoje — como tradução, subscrição de seguros ou mesmo diagnósticos médicos — os computadores também poderão fazer amanhã. [...]." (Banco Mundial. Ob. cit., p. 22)

(37) Banco Mundial. Ob. cit., p. 2-3.

polarizados e a desigualdade está aumentando — especialmente nos países mais ricos, porém cada vez mais nos países em desenvolvimento [...]. Muitas economias avançadas enfrentam mercados de trabalho cada vez mais polarizados e crescente desigualdade — em parte porque a tecnologia aumenta os empregos de maior qualificação, ao mesmo tempo em que substituindo os empregos rotineiros, obrigando muitos trabalhadores a competir por empregos de baixa remuneração."

Na visão da Organização para Cooperação e Desenvolvimento Econômico (OCDE),[(38)] as mudanças tecnológicas permitirão o crescimento econômico a longo prazo, um aumento da produtividade e a melhoria das condições de vida. Apesar de a tecnologia destruir empregos em alguns setores, ela cria empregos em outros, posto que, "historicamente, este processo tem levado à criação líquida de emprego, como novas indústrias substituindo as antigas e os trabalhadores a adaptarem suas habilidades para mudar e a expansão da demanda".

Para a Organização Internacional do Trabalho[(39)] (OIT) (2016), a redução de investimentos de capital parece ser a principal razão por trás da desaceleração da produtividade, e "qualquer ganho de produtividade esperado da nova onda de avanço tecnológico ainda não se materializou".

Nos países em que se concentram 65% da força de trabalho mundial, segundo Enrica Battifoglia,[(40)] 5 milhões de empregos serão substituídos por máquinas.

No Relatório The Future of Jobs,[(41)] resultado do Fórum Econômico Mundial realizado em Davos (2016),[(42)] estimou-se que, nos próximos cinco anos, as novas

---

(38) Organização para Cooperação e Desenvolvimento Econômico — OCDE. *The OECD jobs strategy.* Technology, Productivity and job creation: best policy practices, p. 3.

(39) Organização Internacional do Trabalho — OIT. *World Employment and Social Outlook:* Trends 2016, p. 10.

(40) BATTIFOGLIA, Enrica. *I robot sono tra noi: dalla fantascienza alla realtà*, p. 44.

(41) Fórum Econômico Mundial. *The Future of Jobs:* Employment, Skills and Workforce Strategy for the Fourth Industrial Revolution, p. 13.

(42) "Assim, a revolução hoje pretensamente chamada 'Segunda', representada modelarmente pela automação da maquinaria, significa tão pouco quanto o título de 'primeira', dada à anterior. Não passa da continuação daquela, que por sua vez era a continuação de considerável série de outras precedentes. Com certeza, só uma coisa pode dizer-se: a primeira revolução industrial não houve" (PINTO, Álvaro Vieira. *O conceito de tecnologia*, v. 1, p. 404).

"Com a Terceira Revolução Industrial, caracterizada pelo intenso surto de inovação e pela incorporação de profundas mudanças organizacionais, a indústria deixou de ser geradora líquida de emprego, e o setor terciário passou a responder pela maior parte da criação de novas oportunidades de trabalho, aprofundando a tendência de crescimento dos serviços a taxas superiores às demais atividades. Esse movimento tem sido acompanhado por uma crescente precarização das relações de trabalho e pelo aumento dos níveis de desemprego, que têm permanecido elevados por um longo período, na maioria das nações desenvolvidas" (GUSMÃO, Paulo. Desemprego, crescimento econômico e inovações tecnológicas nos países capitalistas avançados: as abordagens da OIT e OCDE. *Emprego e desenvolvimento tecnológico:* artigos dos pesquisadores, p. 52).

tecnologias devem criar dois milhões de novas funções em virtude do surgimento de novos modelos e do comércio, e setores como finanças, gestão, tecnologia da informação, arquitetura ou de vendas devem se beneficiar. Contudo, cerca de 7,1 milhões de empregos podem ser extintos, em especial, em setores administrativos e burocráticos.

O Relatório Jobs Lost, Jobs Gained: workforce transitions in a time of automation da Consultoria McKinsey (2017) aponta para o aumento da produtividade e o desenvolvimento econômico, sendo que poucas ocupações podem ser totalmente eliminadas, mas estimou que em cerca de 60% das ocupações, pelo menos um terço das atividades constitutivas podem ser automatizadas, o que implica transformações substanciais no local de trabalho e mudanças para todos os trabalhadores.[(43)]

Em decorrência de inúmeros fatores relacionados à viabilidade da implementação tecnológica, como dinâmica do mercado de trabalho, crescimento econômico, investimentos, custo da tecnologia etc., a Consultoria McKinsey estima que, entre 400 e 800 milhões de indivíduos, poderão perder seus empregos devido à automação até 2030 no mundo. Para o Brasil, a estimativa é de 15,7 milhões de empregos.

Jeremy Rifkin[(44)] sintetiza o tormento dos trabalhadores: "Subitamente, em todo o mundo, homens e mulheres perguntam se existe, para eles, algum papel que possam desempenhar no novo futuro que se abre para a economia global".

Além das questões econômicas e sociais, o desemprego tem como consequência para o homem um "vazio existencial", ou seja, a perda do "sentido da vida" (efeito pessoal).

A perda do emprego não é apenas uma questão material, como ressalta Wolfgang Däubler:[(45)] "Ao ser dispensado, o trabalhador perde, de uma hora para a outra, sua fonte ordinária de renda, deixando, ainda, de colaborar com o grupo com o qual convivia diariamente, com evidente *capitis diminutio* perante sua família e a sociedade. Surge normalmente um sentimento de fracasso, às vezes acompanhado de culpa pela inaptidão, má sorte ou mesmo incapacidade de adaptar-se às novas necessidades e circunstâncias vigentes".

Além disso, alguns grupos, como os jovens são mais vulneráveis ao desemprego, o que acaba por ensejar outros problemas sociais (delinquência juvenil) e patologias (toxicomania, alcoolismo etc.).[(46)]

No Relatório The Future of Jobs (2016), do Fórum Econômico Mundial, considerando os desenvolvimentos da genética, inteligência artificial, robótica, nanotecnologia, impressão 3D e biotecnologia, já se fala em 4ª Revolução Industrial.

(43) McKinsey Global Institute. *Jobs lost, jobs gained: workforce transitions in a time of automation. In* https://www.mckinsey.com/~/media/mckinsey/industries/public%20and%20social%20sector/our%20insights/what%20the%20future%20of%20work%20will%20mean%20for%20jobs%20skills%20and%20wages/mgi-jobs-lost-jobs-gained-report-december-6-2017.pdf

(44) RIFKIN, Jeremy. Ob. cit., p. 12.

(45) DÄUBLER, Wolfgang *apud* MANNRICH, Nelson. *Dispensa coletiva:* da liberdade contratual à responsabilidade social, p. 21.

(46) SCHAFF, Adam. *A sociedade informática:* as consequências sociais da segunda revolução industrial, 4. ed., p. 115-127.

Em uma análise ampla, está claro que, entre os diversos grupos ou categorias de trabalhadores, alguns são afetados de forma mais intensa, tanto porque são setores com alto grau de trabalho repetitivo e fatigante quanto por serem setores econômicos que receberam investimentos vultosos para implementação tecnológica, decorrente de interesses econômicos. Entre eles, estão os bancários, os trabalhadores em telecomunicações, os trabalhadores rurais e aqueles ligados à indústria automobilística.(47)

Certamente, no fenômeno da "crise do emprego", é difícil identificar "[...] com mais precisão que parcela do desemprego se deve à tecnologia e qual se deve às políticas monetárias e fiscais — entre outros motivos, porque a crise e a difusão de tecnologias de automação estão interligadas".(48)

Durante a realização de discussões sobre o tema, a Union Confédérale des Cadres (UCC) apresentou uma "ficha de avaliação do impacto de uma transformação tecnológica" sobre os postos de trabalho. Essa avaliação, composta por várias questões, procura-se identificar, entre outros pontos, o número de postos de trabalhos que serão suprimidos, o nível de informação difundida aos trabalhadores, a atuação do sindicato e a negociação coletiva realizada.(49)

Para a economia global, segundo a OIT (1986),(50) os trabalhadores mais afetados pela tecnologia podem ser agrupados pelo grau de qualificação ou especialização profissional: a) trabalhadores poucos qualificados: pessoal de limpeza, manutenção, transportes, pessoal dos correios e telefonistas; b) trabalhadores especialistas ou de nível universitário: bibliotecários, artistas, escritores, profissionais da área de educação (professores, educadores, conselheiros religiosos), profissionais da área de saúde, advogados e economista; c) trabalhadores com nível superior (formação geral): administradores, consultores de gestão, engenheiros.

2. O debate em torno da proteção jurídica

No sistema europeu, a Carta Comunitária dos Direitos Sociais Fundamentais dos Trabalhadores (CDST) (1989) prevê que a "informação, a consulta e a participação dos trabalhadores devem ser desenvolvidas segundo regras adequadas e tendo em conta as práticas em vigor nos diferentes Estados-membros" (art. 17).

A informação, a consulta e a participação devem ocorrer em tempo útil, principalmente quando a introdução de inovações tecnológicas nas empresas venha a ter

(47) ESTEVES, Alan da Silva. *Proteção do trabalhador em face da automação:* eficácia jurídica e social do inciso XXVII do art. 7º da Constituição Federal, p. 17.

(48) SCHMITZ, Hubert. Automação microeletrônica e trabalho: a experiência internacional. *Automação, competitividade e trabalho:* a experiência internacional, p. 140.

(49) MAGGIOLINI, Piercarlo. *As negociações trabalhistas e a introdução de inovações tecnológicas na Europa*, p. 183-186.

(50) Organização Internacional do Trabalho — OIT. *Les partenaires sociaux face au changement tecnologique 1982-1985*, p. 76.

consequências importantes para as condições e a organização do trabalho e por ocasião de processos da dispensa coletiva dos empregados (art. 18).

Sob o título de Solidariedade, a Carta de Direitos Fundamentais da União Europeia (CDFUE) (2007) cuida do direito de informação e de consulta dos trabalhadores na empresa, o direito de negociação e de ação coletiva, o direito de acesso aos serviços de emprego, a proteção em caso de despedimento sem justa causa, as condições de trabalho justas e as equitativas, a proibição do trabalho infantil e a proteção dos jovens no trabalho, a vida familiar e a vida profissional, a segurança social e a assistência social, a proteção da saúde, o acesso a serviços de interesse económico geral, a proteção do ambiente e a defesa dos consumidores (capítulo IV, arts. 27 e seguintes).

A Carta Social Europeia (CSE, revisada em 1996) também garante aos trabalhadores o direito de informação e de consulta na empresa (art. 21).

Outrossim, a Diretiva 94/45 do Conselho da União Europeia trata da instituição de um conselho de empresa europeu e de um procedimento de informação e de consulta dos trabalhadores nas empresas ou grupos de empresas de dimensão comunitária.

A Diretiva 2001/14/CE disciplina o direito de informação e de consulta dos trabalhadores da União Europeia. O direito de informação e o de consulta também são previstos na Diretiva 2001/23/CE (relativa à aproximação das legislações dos Estados-membros respeitantes à manutenção dos direitos dos trabalhadores em caso de transferência de empresas ou de estabelecimentos), na Diretiva 2001/86/CE (completa o estatuto da sociedade europeia no que respeita ao envolvimento dos trabalhadores) e na Diretiva 2002/14/CE do Parlamento Europeu e do Conselho (estabelece um quadro geral relativo à informação e à consulta dos trabalhadores na Comunidade Europeia — Declaração Conjunta do Parlamento Europeu, do Conselho da União Europeia e da Comissão sobre representação dos trabalhadores).

Por fim, a Diretiva 2009/38/CE do Parlamento Europeu e do Conselho trata do comitê de empresa europeu e do procedimento de informação e de consulta dos trabalhadores em questões transnacionais, em todas as empresas ou grupos de empresas de dimensão comunitária.

No Brasil, a proteção do emprego perante as inovações tecnológicas, almejada pelo Constituinte (art. 7º, XXVII), depende de regulamentação infraconstitucional. Apesar dos diversos projetos de lei existentes sobre o tema,(51) passados quase 35 anos da promulgação do Texto Constitucional, não houve a regulamentação pretendida.

Instado a se manifestar sobre o tema, equivocadamente em nosso entender, o Supremo Tribunal Federal fez uma interpretação restritiva e literal do dispositivo constitucional, na medida em que entendeu que a previsão constitucional diz respeito

(51) Em tramitação o Projeto de Lei n. 1.091/2019, na Câmara dos Deputados, de autoria do deputado federal Wolney Queiroz, pretende disciplinar a regra constitucional.

à "proteção em face da automação" e não "em face da tecnologia" (Mandado de Injunção n. 618 — Relª. Minª. Cármen Lúcia — julgado em 30.09.2014).

Em julho de 2022, o Ministério Público da União ajuizou uma ação direta de inconstitucionalidade por omissão (ADO n. 73), sob a relatoria do Ministro Roberto Barroso, em que se discute a inércia do legislador e se busca fixar um fixar prazo razoável para que o Congresso Nacional supra a mora legislativa.

Certo é que os diversos projetos de lei sobre o tema procuraram minimizar os efeitos perversos do desemprego tecnológico, disciplinando indenizações compensatórias, programas de requalificação profissional, reaproveitamento dos empregados em outros setores da empresa etc. Contudo, estão longe de disciplinar um "sistema de proteção do trabalho".

Acreditamos que a proteção do trabalho diante das implementação da tecnologia e seus efeitos perversos, focado em um desenvolvimento sustentável, deve ser pautada a partir da: a) negociação coletiva de trabalho; b) direito de informação e de consulta dos trabalhadores; c) princípio da função social da propriedade.

Sobre tais institutos e princípios, de forma objetiva, no âmbito da OIT, a Declaração da Filadélfia (1944) buscou o reconhecimento efetivo da negociação coletiva (artigo III, *e*), dado que o instituto foi objeto de diversas Convenções e Recomendações, entre elas, as Convenções ns. 98 (1949), 151 (1978) e 15 (1981) e as Recomendações ns. 91 (1951) e 163 (1981), é tratada com direito fundamental (Declaração de Princípios e Direitos Fundamentais no Trabalho, 1998). Além disso, tem previsão na Carta da OEA (art. 45, *c*) e na Declaração Sociolaboral do Mercosul (art. 17).

Já o direito de informação e de consulta dos trabalhadores está previsto na Carta da Organização dos Estados Americanos (Carta da OEA) (1948),(52) com os seus Protocolos de Reforma, os quais foram ratificados pelo Brasil.

Por fim, a Convenção Americana sobre Direitos Humanos (Pacto de São José da Costa Rica) (1969) garante o uso e gozo da propriedade privada, admitindo a subordinação desse direito ao interesse social (art. 21). Enquanto, na Constituição Federal de 1988, no capítulo Dos Direitos e Deveres Individuais e Coletivos, o direito de propriedade está garantido, sendo que a propriedade deve atender sua função (art. 5º, XXII e XXIII), e, entre os princípios gerais da atividade econômica, o constituinte elenca a propriedade privada e sua função social (art. 170, II e III). Além disso, a função social relaciona-se com a desapropriação de imóvel rural para fins

(52) A Carta da Organização dos Estados Americanos foi aprovada na IX Conferência Internacional Americana, de 30.04.1948, ocorrida em Bogotá. São integrantes da OEA os países que ratificarem a Carta de 1948 (art. 4.o). Com o Decreto n. 2.677, de 17.07.1998, o Brasil promulgou a reforma da Carta da OEA — Protocolo de Manágua (1993) e com o Decreto n. 2.760, de 27.08.1998, promulgou o Protocolo de Reforma da Carta da Organização dos Estados Americanos — Protocolo de Washington (1992).

de reforma agrária (art. 184) e com a progressividade do Imposto sobre a Propriedade Predial e Territorial Urbana (IPTU) (art. 156). Já o Código Civil de 2002 vai demonstrar a preocupação com a função social em vários momentos, relacionando-a com o exercício do direito (art. 187), com os contratos (art. 421) e com o direito de propriedade (arts. 1.228 e 2.035).

Somente a partir desses princípios e institutos é possível construir um sistema de proteção social, garantindo um desenvolvimento sustentável social e econômico.

3. Referências bibliográficas

BANCO MUNDIAL. *Relatório sobre o Desenvolvimento Mundial de 2016. Dividendos digitais.* Washington DC: International Bank for Reconstruction and Development; The World Bank, 2016.

BATTIFOGLIA, Enrica. *I robot sono tra noi:* dalla fantascienza alla realtà. Milano: Editore Ulrico Hoepli Milano, 2016.

CAVALCANTE, Jouberto de Quadros Pessoa. *Sociedade, tecnologia e a luta pelo emprego.* São Paulo: LTr, 2018.

COMITÊ The Santa Barbara Center of the Study of Democratic Institutions. "Memorando The Triple Revolution". *International Socialist Review*, v. 24, n. 3, 1964.

DINIZ, Patrícia Dittrich Ferreira. *Trabalhador versus automação:* impactos da inserção da tecnologia no meio ambiente do trabalho à luz da tecnodireito e da tecnoética. Curitiba: Juruá, 2015.

DUPAS, Gilberto. *Ética e poder na sociedade da informação:* de como a autonomia das novas tecnologias obriga a rever o mito do progresso. 3. ed. São Paulo: Editora Unesp, 2011.

ESTEVES, Alan da Silva. *Proteção do trabalhador em face da automação:* eficácia jurídica e social do inciso XXVII do art. 7º da Constituição brasileira. São Paulo: LTr, 2013.

FÓRUM Econômico Mundial. *The Future of Jobs:* Employment, Skills and Workforce Strategy for the Fourth Industrial Revolution. Fórum Econômico Mundial, 2016.

FREITAS JUNIOR, Antônio Rodrigues de. *Direito do trabalho na era do desemprego:* instrumentos jurídicos em políticas públicas de fomento à ocupação. São Paulo: LTr, 1999.

FREY, Carl Benedikt Frey; OSBORNE, Michael A. *The future of employment: how susceptible are jobs to computerisation?* Disponível em: <http://www.oxfordmartin.ox.ac.uk/downloads/academic/The_Future_of_Employment.pdf>.

GOMES, Jorge Luiz. Painel. *Anais do 1º Encontro Regional:* impactos da automação sobre o trabalho. Secretaria Extraordinária para Assuntos e Ciência e Tecnologia. Governo do Rio Grande do Sul, nov. 1987.

GORENDER, Jacob. "Globalização, tecnologia e relações de trabalho". *Estudos Avançados*, v. 11, n. 29, jan./abr. 1997.

GUSMÃO, Paulo. "Desemprego, crescimento econômico e inovações tecnológicas nos países capitalistas avançados: as abordagens da OIT e OCDE". In: PRADO, Antonio *et al.* (Orgs.). *Emprego e desenvolvimento tecnológico: artigos dos pesquisadores.* São Paulo: DIESSE/CESIT/UNICAMP, 1999.

HOUAISS, Antônio; VILLAR, Mauro de Salles; FRANCO, Francisco Manoel de Mello. *Dicionário Houaiss da língua portuguesa*. Rio de Janeiro: Objetiva, 2004.

KEYNES, John Maynard. *Economic Possibilities for our Grandchildren, 1930*. Disponível em: <http://www.econ.yale.edu/smith/econ116a/keynes1.pdf>.

LANCHESTER, John. The Robots Are Coming. *The Paris Review*. Acesso em: <http://www.lrb.co.uk/v37/n05/john-lanchester/the-robots-are-coming>.

MAGGIOLINI, Piercarlo. *As negociações trabalhistas e a introdução de inovações tecnológicas na Europa*. Rio de Janeiro: Vozes, 1988.

MANNRICH, Nelson. *Dispensa coletiva:* da liberdade contratual à responsabilidade social. São Paulo: LTr, 2000.

MCKINSEY Global Institute. *Jobs lost, jobs gained:* workforce transitions in a time of automation. Disponível em: <https://www.mckinsey.com/~/media/mckinsey/industries/public%20and%20social%20sector/our%20insights/what%20the%20future%20of%20work%20will%20mean%20for%20jobs%20skills%20and%20wages/mgi-jobs-lost-jobs-gained-report-december-6-2017.pdf>

NUWER, Rachel. Conheça os empregos ameaçados pela automação (e os novos que surgirão). *BBC Future*, 7 ago. 2015. Disponível em: <http://www.bbc.com/future/story/20150805-will-machines-eventually-take-on-every-job>.

ORGANIZAÇÃO INTERNACIONAL DO TRABALHO — OIT. *Les partenaires sociaux face au changement technologique 1982-1985*. Genebra: OIT, 1986.

______. *World Employment and Social Outlook:* Trends 2016. Genebra: OIT, 2016.

ORGANIZAÇÃO PARA COOPERAÇÃO E DESENVOLVIMENTO ECONÔMICO — OCDE. *The OECD jobs strategy*. Technology, productivity and job creation: best policy practices. Paris: OCDE, 1998.

PASSOS, Carlos Roberto Martins; NOGAMI, Otto. *Princípios de economia*. 6. ed. São Paulo: Cengage Learning, 2012.

PINTO, Álvaro Vieira. *O conceito de tecnologia*. Rio de Janeiro: Contraponto, 2005. v. 1 e 2.

RIFKIN, Jeremy. *O fim dos empregos:* o declínio inevitável dos níveis dos empregos e a redução da força global de trabalho. São Paulo: Makron Books, 1995.

SCHAFF, Adam. *A sociedade informática:* as consequências sociais da segunda revolução industrial. Tradução de Carlos Eduardo Jordão Machado e Luiz Arturo Obojes. 4. ed. São Paulo: Editora da Universidade Paulista: Brasiliense, 1995.

SCHMITZ, Hubert. *Automação microeletrônica e trabalho*: a experiência internacional, 1988.

______. "Automação microeletrônica e trabalho: a experiência internacional". In: ______; CARVALHO, Ruy de Quadros (Orgs.). *Automação, competitividade e trabalho:* a experiência internacional. São Paulo: Hucitec, 1988.

TROSTER, Roberto Luis; MOCHÓN, Francisco. *Introdução à economia*. São Paulo: Pearson Makron Books, 2002.

Reflexões a Respeito da Inclusão Digital Como Um Direito Humano Fundamental

Fabiano Zavanella[(1)]
Débora Cunha Romanov[(2)]

Introdução

O século XX foi certamente um período de grandes mudanças e transformações na sociedade, principalmente em razão da (i) substituição maciça de instrumentos analógicos por digitais, com o desenvolvimento de novas tecnologias de informação e comunicação (TIC), com destaque para computadores, celulares e outros dispositivos eletrônicos que permitam o acesso à internet; (ii) necessidade do uso constante de TIC para a realização de atividades da vida diária e laborais; e (ii) invenção da internet. O mundo vive atualmente a denominada Quarta Revolução Industrial, que trouxe, dentre outras consequências, alterações relevantes nas relações humanas propriamente ditas, nas interações com o meio ambiente, o trabalho, o ensino e a educação, a saúde, o lazer, dentre outros aspectos.

No que diz respeito às questões laborais, novas profissões passaram a surgir com maior frequência do que observado em décadas anteriores, exigindo dos profissionais constante adaptação, qualificação e treinamento para que consigam desempenhar as

---

(1) Mestre em Direito do Trabalho pela Pontifícia Universidade Católica de São Paulo (PUC/SP). Doutorando em Direito pela Faculdade de Direito da Universidade de São Paulo (USP/SP). Diretor Acadêmico no Instituto Brasileiro de Estudos e Pesquisas em Ciências Políticas e Jurídicas (IPOJUR). Pesquisador do GETRAB-USP. Membro do Comitê Executivo da rede CIELO Laboral. Diretor da SOBRATT. Autor de "Flexibilização do Direito do Trabalho — Negociado e Legislado", Editora LZN, "Dos Créditos Trabalhistas na Nova Lei de Falências", Editora LZN e "Dos Direitos Fundamentais na Dispensa Coletiva", LTr Editora; Organizador da obra: A Evolução do Teletrabalho pela Lacier Editora. Sócio do escritório Rocha, Calderon e Advogados Associados.

(2) Mestranda em Administração de Empresas pela Universidade Presbiteriana Mackenzie. Especialista em Direito Internacional pela Pontifícia Universidade Católica de São Paulo (PUC/SP) e em Direito Administrativo pela Pontifícia Universidade Católica de Minas Gerais (PUC/Minas). Bacharel em Direito pela Universidade Presbiteriana Mackenzie. Bacharel em Educação Física pelas Faculdades Metropolitanas Unidas (FMU).

novas funções exigidas por empregadores e clientes. O desenvolvimento de tecnologias modernas e inovadoras tem, muitas vezes, como efeito colateral, a redução do custo da mão de obra e a eliminação de postos de trabalhos ou profissões que serão certamente substituídos por mecanismos mais eficientes ou novas carreiras para fins de aumento da produtividade e do lucro das operações.

Nesse contexto, os estudos desenvolvidos por diferentes autores nacionais (GAMBA, 2020; GUARDI, 2017; MALHEIRO, 2016; GOULART, 2012; MALHEIRO, 2016; SILVA, MARQUES, DONADEL, 2013, ROSA, 2013) apresentam argumentos e fundamentos acerca da necessidade de positivação da inclusão digital e do acesso à internet enquanto direitos humanos fundamentais, devendo, portanto, ser inseridos formalmente no rol previsto na Constituição Federal do Brasil.

Em janeiro de 2022, foi, inclusive, apresentada a PEC n. 47/2021, que propõe a inserção da inclusão digital entre os direitos fundamentais previstos pela Constituição Federal do Brasil, de modo a assegurar que todos tenham o direito à inclusão digital e obrigando o Poder Público a realizar a promoção de políticas públicas nesse sentido (SENADO FEDERAL, 2022).

Carvalho (2017) esclarece que os direitos humanos podem ser considerados como aqueles que derivam da própria condição de ser humano, sem que seja possível, inclusive, indicar com clareza quando e como iniciaram. Por outro lado, os direitos fundamentais seriam aqueles que, apesar de muitas vezes coincidirem com os direitos humanos propriamente ditos, necessitam ser positivados na Constituição Federal de uma determinada nação. Logo, passariam a ser considerados fundamentais a partir do momento em que são positivados formalmente.

Gamba (2020), por sua vez, explica que, atualmente, em várias ocasiões, o indivíduo somente poderá exercer muitos dos direitos fundamentais atualmente assegurados constitucionalmente, como o direito à liberdade de expressão e o direito de acesso à informação, por meio da utilização de aparelhos eletrônicos com acesso à internet e desde que haja uma qualidade mínima de conexão para que tais direitos possam, de fato, serem usufruídos.

Assim, partindo dessa premissa e para além do fato de que a inclusão digital deve ser reconhecida como um direito humano fundamental e que, portanto, deve ser garantida expressamente na Constituição Federal do Brasil, busca-se com esse artigo analisar em que medida a sua promoção por meio de políticas públicas, como prevista no art. 27, I, do Marco Civil da Internet, pode ser considerada como um instrumento efetivo para o atingimento dos ODS propostos pela ONU, no contexto das discussões para a Agenda 2030 e da proteção dos direitos humanos reconhecidos internacionalmente.

Adicionalmente, em 2016, a ONU se posicionou, em um comunicado oficial, condenando medidas que dificultavam ou inibiam o acesso à informação online, o que seria interpretado como violação aos direitos humanos assegurados internacionalmente, provocando os países a reformular suas políticas internas relacionadas ao uso da internet, como forma de assegurar o pleno acesso e a defesa dos direitos humanos (ANDRADE, LATINI, 2022).

Neste sentido, o objetivo deste trabalho é avaliar em que medida a promoção da inclusão digital poderá servir de instrumento para que os ODS propostos pela ONU, dentre os quais destaca-se o ODS n. 10, que busca a redução da desigualdade dentro dos países e entre eles, sejam alcançados dentro do prazo previsto pela Agenda 2030 e reflitam a proteção almejada pelo princípio universal de defesa dos direitos humanos reconhecidos internacionalmente. Para tanto, utiliza-se o método hipotético-dedutivo, tendo sido conduzida pesquisa bibliográfica e documental e análise de capítulos de livros digitais, de artigos científicos disponíveis eletronicamente e de legislação específica sobre o tema,

Justifica-se o tema em razão de inúmeras discussões, principalmente em âmbito internacional, a respeito da urgente necessidade de mobilização dos países, empresas e indivíduos para que os ODS sejam atingidos dentro do plano de metas estabelecido pela Agenda 2030, como forma de erradicação da pobreza e da fome e o fomento do desenvolvimento sustentável (CANDIDO, 2021).

O pacto global da ONU e o princípio universal de proteção de direitos humanos reconhecidos internacionalmente

Em virtude dos desafios enfrentados no mundo nas últimas décadas e pela denominada "sociedade da informação", o então Secretário-Geral da ONU, Kofi Annan, apresentou uma proposta durante o Fórum Econômico Mundial, em Davos, para a promoção de valores sociais internacionalmente, como forma de combater os riscos mapeados e associados ao processo da globalização.

Dessa iniciativa, nasceu, no ano de 2000, o Pacto Global, sendo caracterizado como uma iniciativa da ONU que fornece diretrizes para a promoção do crescimento sustentável e da cidadania, por meio de lideranças corporativas comprometidas e inovadoras (PACTO GLOBAL). O movimento sugere que as empresas e organizações alinhem suas estratégias e atividades a Dez Princípios Universais, dentre os quais se destacam aqueles previstos na área de Direitos Humanos reconhecimentos internacionalmente (TJPR, 2022).

Esses direitos humanos internacionais, em linhas gerais, podem ser considerados como sendo aqueles direitos humanos que são inerentes à própria condição humana e que são reconhecidos internacionalmente, por meio de tratados, acordos ou outros instrumentos similares. Como destacado pela Carta de Direitos Humanos e Princípios para a Internet (IRPC, 2015), "tais direitos podem ser identificados pelo uso da linguagem como 'todo mundo tem direito de...', 'todo mundo tem uma liberdade de...'".

No que diz respeito ao tema objeto dessa análise, como apontam Andrade e Latini (2022), em 2011, a ONU esclareceu, por meio de relatório a respeito da promoção e proteção do direito à liberdade de expressão, que a "internet é um meio-chave para que os indivíduos possam exercer o direito de liberdade de opinião e expressão", o que já era garantido "no Art. 19 da Declaração Universal dos Direitos Humanos". Consequentemente, é dever do Estado a garantia e a promoção desses direitos, inclusive no que diz respeito ao uso da internet.

Esse movimento deu origem, então, em 2015, à Agenda 2030, tendo como base os Objetivos de Desenvolvimento do Milênio, que deveriam ter sido atingidos até aquele ano. Contempla, portanto, um novo plano de ação de 2015 a 2030, com certos objetivos que deverão ser atingidos pelos países para fins da erradicação da pobreza e da fome e promoção do desenvolvimento sustentável — os ODS.

A Agenda 2030 e os ODS

A Agenda 2030 pode ser interpretada como um plano de ação que envolve necessariamente 5 (cinco) elementos, sendo eles, as pessoas, o planeta, a prosperidade, a paz e as parcerias.

Cada parte interessada, o que inclui os próprios países, assume certas responsabilidades quanto à implementação do disposto na Agenda 2030. Cada país, ao optar por aderir à agenda, poderá definir quais metas específicas considera mais relevantes de acordo com sua própria realidade, podendo, inclusive, definir indicadores para fins de monitoramento.

No que diz respeito especificamente às pessoas, a intenção é a de "indicar a determinação em erradicar a pobreza e a fome, em todas as suas formas e dimensões", e assegurar que "todos possam realizar o seu potencial no respeito à dignidade e igualdade, por meio de uma educação de qualidade, num ambiente saudável" (CANDIDO, 2021). Quanto à prosperidade, trata da segurança de que "todos possam desfrutar de uma vida próspera e de plena realização pessoal", com o "desenvolvimento econômico, social e tecnológico ocorra em harmonia com a natureza" (CANDIDO, 2021).

Torna-se evidente a necessidade de se evitar a destruição do planeta, por meio do incentivo a práticas sustentáveis de produção e consumo, "da gestão sustentável dos recursos naturais e de medidas urgentes para se combater as alterações climáticas, atendendo às necessidades das gerações presentes e futuras. (CANDIDO, 2021). A busca pela paz reflete o objetivo de se fomentar "sociedades pacíficas, justas e inclusivas, livres do medo e da violência" (CANDIDO, 2021).

Todos esses aspectos poderão ser mobilizados e realizados por meio de parcerias em nível global para a sustentabilidade, que têm como objetivo a consecução da Agenda 2030.

Os ODS, por sua vez, têm como função estimular que as ações definidas no contexto da Agenda 2030 sejam cumpridas e refletem as áreas de maior importância para o futuro da humanidade e manutenção da vida no planeta.

Especificamente com relação ao ODS n. 10 proposto para análise nos termos dessa pesquisa, foram elaborados os seguintes objetivos pelo Pacto Global (2022):

> Objetivo 10. Reduzir a desigualdade dentro dos países e entre eles:
>
> 10.1. Até 2030, progressivamente alcançar e sustentar o crescimento da renda dos 40% da população mais pobre a uma taxa maior que a média nacional;
>
> 10.2. Até 2030, empoderar e promover a inclusão social, econômica e política de todos, independentemente da idade, gênero, deficiência, raça, etnia, origem, religião, condição econômica ou outra;
>
> 10.3. Garantir a igualdade de oportunidades e reduzir as desigualdades de resultados, inclusive por meio da eliminação de leis, políticas e práticas discriminatórias e da promoção de legislação, políticas e ações adequadas a este respeito;
>
> 10.4. Adotar políticas, especialmente fiscal, salarial e de proteção social, e alcançar progressivamente uma maior igualdade;
>
> 10.5. Melhorar a regulamentação e monitoramento dos mercados e instituições financeiras globais e fortalecer a implementação de tais regulamentações;
>
> 10.6. Assegurar uma representação e voz mais forte dos países em desenvolvimento em tomadas de decisão nas instituições econômicas e financeiras internacionais globais, a fim de produzir instituições mais eficazes, críveis, responsáveis e legítimas;
>
> 10.7. Facilitar a migração e a mobilidade ordenada, segura, regular e responsável das pessoas, inclusive por meio da implementação de políticas de migração planejadas e bem geridas;

10.a. Implementar o princípio do tratamento especial e diferenciado para países em desenvolvimento, em particular os países menos desenvolvidos, em conformidade com os acordos da OMC;

10.b. Incentivar a assistência oficial ao desenvolvimento e fluxos financeiros, incluindo o investimento externo direto, para os Estados onde a necessidade é maior, em particular os países menos desenvolvidos, os países africanos, os pequenos Estados insulares em desenvolvimento e os países em desenvolvimento sem litoral, de acordo com seus planos e programas nacionais;

10.c. Até 2030, reduzir para menos de 3% os custos de transação de remessas dos migrantes e eliminar os corredores de remessas com custos superiores a 5%.

Nota-se que não há expressamente no detalhamento da meta prevista para o ODS n. 10 a inclusão digital como um dos instrumentos propostos pelo Pacto Global para o combate à desigualdade social. Trata-se, na realidade, de mandamentos mais gerais e amplos que visam a garantir determinadas condições dentro do período proposto pela Agenda 2030.

Merece, assim, destaque a iniciativa do Escritório do Enviado da Secretaria-Geral das Nações Unidas para a Tecnologia e a União Internacional de Telecomunicações (UIT), que estabeleceu novas metas especificamente para a promoção da conectividade digital, universalmente e de forma eficaz, até 2030 (UNITED NATIONS, 2022): *o Roadmap for Digital Cooperation.*

Roadmap for digital cooperation

No projeto denominado "*Roadmap for Digital Cooperation*", foram definidos 15 (quinze) objetivos com foco na universalidade, na tecnologia e na acessibilidade para que a população mundial possa se beneficiar da conectividade, provendo mais igualdade para o mundo digital.

Trata-se de mais uma iniciativa da ONU para estimular que os países adotem ações para fins de cumprimento dos ODS até o ano de 2030, priorizando intervenções específicas e de acordo com a realidade de cada nação e mediante o monitoramento do progresso das atividades implementadas.

Conforme previsto no "*Roadmap for Digital Cooperation*", até 2030, todos os usuários com 15 (quinze) anos ou mais, domicílios, empresas e escolas poderão ter acesso e usar a internet, devendo ser fornecida para a população como um todo TIC modernas e acessíveis.

Apesar das louváveis intenções e da proposta feita no contexto do plano, permanecem os questionamentos a respeito de quantos indivíduos de fato terão capacidades de avançar além de habilidades básicas de acesso às TIC e uso da internet e em que medida essas iniciativas serão eficazes na promoção da igualdade social e de gêneros na sociedade.

A inclusão digital como prevista no marco civil da internet

No contexto nacional, o Marco Civil da Internet reflete um conjunto de normas que tem como finalidade a regulamentação do uso da internet no Brasil, tendo como princípios basilares a neutralidade da rede, a privacidade do usuário e a liberdade de expressão (REZENDE, LIMA, 2016).

Trata-se de uma lei que disciplinou a atuação do Poder Público no que diz respeito à evolução da internet em território nacional. Conforme previsto nos arts. 26 e 27, dentre os objetivos da legislação, destacam-se o uso da internet como instrumento para "o exercício da cidadania, promoção da cultura e desenvolvimento tecnológico", especialmente no que diz respeito à "promoção da inclusão digital, redução de desigualdades sociais e fomento de produção e circulação de conteúdo nacional" (TOMASEVICIUS FILHO, 2016).

Há, no entanto, desafios para a definição na prática do que representaria de fato o termo inclusão digital. Por se tratar de um constructo abstrato e analisado por diferentes ângulos e em campos diversos do conhecimento (BONILLA, OLIVEIRA, 2011), tendo como elemento agregador o envolvimento de TIC, a inclusão digital é um "termo utilizado para adjetivar diferentes ações, programas e políticas públicas voltadas às TIC" (ROSA, 2013).

Para fins de análise, ROSA (2013) cita a tese de Mori (2011), que propõe a apreensão do conceito de inclusão digital em suas dimensões mais básicas, como sendo de (i) mero acesso (quanto à distribuição de bens e serviços para o acesso às TIC pela população), (ii) alfabetização digital (no que diz respeito ao mínimo de conhecimento necessário para uso das TIC pelo indivíduo); e (iii) apropriação de tecnologias (que se constituiria como uma etapa seguinte à alfabetização, permitindo que os indivíduos usufruam da melhor forma possível das TIC e sejam capazes, inclusive, de criar, de se reinventar e de exercer seus direitos).

A inclusão digital pode também ser analisada e interpretada de acordo com os objetivos almejados, tais como a possibilidade de desenvolvimento econômico do indivíduo, permitindo que aumente as suas condições de desempenho de novas tarefas e recolocação no mercado da informação; a solução de problemas e questões sociais, com o objetivo de promover uma verdadeira inclusão social das pessoas; e o desenvolvimento global da pessoa, permitindo que o indivíduo exerça seus direitos de cidadania em sua plenitude (ROSA, 2013).

No entanto, em que pesem essas considerações, no contexto da Quarta Revolução Industrial apresentado anteriormente, com cada vez maior relevância do uso das TIC no dia a dia da sociedade, há evidências de que a distribuição de TIC pela população tem, na realidade, replicado o padrão de desigualdade visto em décadas passadas.

No Brasil, a título de exemplo, a utilização de TIC por usuários, domicílios e empresas, inclusive nas áreas de educação e saúde, é medida pelo Centro Regional de Estudos para o Desenvolvimento da Sociedade da Informação (CETIC.BR), que atua sob a coordenação da Organização das Nações Unidas para a Educação, a Ciência e a Cultura (UNESCO), com a finalidade de cooperar com países da América Latina e lusófonos na África para a construção de sociedades do conhecimento inclusivas.

Dados das pesquisas realizadas em 2021 revelam que cerca de 35,5 (trinta e cinco milhões e quinhentos mil) usuários brasileiros ainda permanecem sem acesso à internet (CETIC, 2022). Esse percentual da população poderá ser considerado como estando à margem da utilização de novas tecnologias e meios disruptivos de acesso a bens de consumo, educação, saúde e serviços públicos, podendo ser considerados como parte do processo denominado de exclusão digital (ROSA, 2013).

Para essa população excluída digitalmente, cada vez mais o acesso ao que é considerado minimamente razoável para fins do exercício de sua cidadania e fruição dos direitos humanos fundamentais reconhecidos constitucional e internacionalmente fica mais distante e inatingível.

No entanto, bastaria a garantia do acesso às TIC, ainda que por meio de previsão constitucional, para que essa lacuna fosse suprida e para que as desigualdades sociais fossem equacionadas? Como poderia o Estado brasileiro promover, de fato, políticas públicas para o fomento da verdadeira inclusão digital da população, considerando diferentes classes sociais, etnias, idades, gêneros e outros aspectos de diversidade?

Conclusões

A temática da inclusão digital foi assumida, para fins da hipótese trabalhada nessa pesquisa, como sendo caracterizada como um direito humano essencial por sua própria natureza na denominada "sociedade da informação", ainda que careça formalmente de positivação na Constituição Federal do Brasil enquanto direito fundamental, como sustentado por boa parte dos pesquisadores do tema. Tendo sido aprovada pelo Senado, aguarda-se, desde junho de 2022, a votação da PEC n. 47/2021 pela Câmara dos Deputados, para fins de inserção da inclusão digital entre os direitos fundamentais previstos pela Constituição Federal do Brasil

Todavia, é certo que, ainda que haja a formalização da inclusão digital como direito fundamental, sua efetividade estará sujeita ao desenvolvimento contínuo de políticas públicas nacionais que permitam aos cidadãos brasileiros o exercício dos seus direitos assegurados constitucionalmente. A garantia de acesso às TIC é apenas a primeira fase e o mínimo exigido por parte do Estado de Direito.

Consequentemente, não poderá nem deverá a inclusão digital ser interpretada de forma restrita, apenas como uma questão de acesso às TIC por indivíduos, empresas, escolas e demais partes interessadas da sociedade. Caso esses usuários não apresentem condições mínimas para a utilização das TIC de forma crítica e consciente, não há que se falar em uma inclusão digital como um fator real de combate às desigualdades sociais da nação.

Desde os Objetivos de Desenvolvimento do Milênio, que foram sucedidos pelos ODS, no contexto da Agenda 2030, questões relacionadas ao combate à desigualdade social são pauta dos debates internacionais a respeito do futuro da humanidade — e agora expressamente definidos e detalhados nos termos do ODS n. 10.

Nesse contexto, a inclusão digital, desde que promovida por meio de políticas públicas, de forma a: (i) atingir certos objetivos de desenvolvimento econômico do indivíduo, por meio do auxílio na aprendizagem de novas qualificações e profissões; (ii) promover a solução de questões inerentes à sociedade da Quarta Revolução Industrial, fomentando uma real inclusão do indivíduo não apenas digitalmente, mas na comunidade como um todo; e (iii) aprimorar as habilidades e capacidades da pessoa, fazendo com que supere as barreiras colocadas para o livre exercício de seus direitos de cidadania, poderá ser interpretada como um instrumento para o combate à desigualdade social, como proposto pela Agenda 2030.

Adicionalmente, considerando que os ODS têm como finalidade a concretização dos direitos humanos reconhecidos internacionalmente, devendo ser, portanto, interpretados como parte de um todo e não sendo passíveis de divisão, caso sejam observadas as condições propostas acima, também poderão auxiliar no atingimento das metas previstas nos demais ODS, em busca do equilíbrio entre os principais aspectos do desenvolvimento sustentável: o econômico, o social e o ambiental.

Referências

ANDRADE, Sávio Pereira de; LATINI, Lucas Maldonado Diz. Inclusão digital: muito além do mero acesso às tecnologias de informação e comunicação. *Revista Jurídica Profissional*, v. 1, n. 1, 2022.

BONILLA, Maria Helena Silveira, OLIVEIRA, Paulo Cezar Souza de. *Inclusão digital:* ambiguidades em curso. Salvador: EDUFBA, 2011. p. 23-48.

BUSTILLO, Luisa Nascimento; NASCIMENTO, Grasiele Augusta Ferreira. Letramento digital: reflexos no mundo do trabalho. *R. Dir. Gar. Fund.*, Vitória, v. 18, n. 2, p. 111-130, maio/ago. 2017.

CANDIDO, Nelson. *ODS* — estratégia metodológica para a sustentabilidade. Lisboa: Lisbon Press, 2021.

CARVALHO, Patrícia Heloísa de. O "marco civil da internet": uma análise sobre a constitucionalidade do art. 19. *Revista da Faculdade de Direito do Sul de Minas*, Pouso Alegre, v. 33, n. 2, p. 228-244, jun./dez. 2017.

CENTRO Regional de Estudos para o Desenvolvimento da Sociedade da Informação – CETIC.BR. *Quem somos*. Disponível em: <https://cetic.br/pt/sobre/>. Acesso em: 15 ago. 2022.

______. *Indicadores*. TIC Domicílios 2021. Disponível em: <https://cetic.br/pt/pesquisa/domicilios/indicadores/>. Acesso em: 15 ago. 2022.

GAMBA, João Roberto Gorini. A importância social da tecnologia e o direito fundamental de acesso à internet: aprendizados a partir da pandemia de Covid-19. *Revista Eletrônica Sapere Aude*, São Paulo, n. único, p. 45-57, jan./dez. 2020.

GOULART, Guilherme Damasio. O impacto das novas tecnologias nos direitos humanos e fundamentais: o acesso à internet e a liberdade de expressão. *Revista Direitos Emergentes na Sociedade Global*, v. 1, n. 1, jan.jun/2012.

GUARDI, Karina Joelma Bacciotti Selingardi. Direito de acesso à internet. In: CAMPILONGO, Celso Fernandes; GONZAGA, Alvaro de Azevedo; FREIRE, André Luiz (Coords.). *Enciclopédia jurídica da PUC-SP.* Tomo: Direitos Humanos. Wagner Balera; Carolina Alves de Souza Lima (Coords. de tomo). 1. ed. São Paulo: Pontifícia Universidade Católica de São Paulo, 2017. Disponível em: <https://enciclopediajuridica.pucsp.br/verbete/538/edicao-1/direito-de-acesso-a-internet->. Acesso em: 11 ago. 2022.

INTERNET RIGHTS & PRINCIPLES COALITION – IRPC. *Carta de direitos humanos e princípios para a internet*, 2015.

MALHEIRO, Emerson Penha. Direitos humanos na sociedade da informação. *Revista Paradigma*, Ribeirão Preto-SP, ano XXI, v. 25, n. 1, p. 218-230 jan./jun. 2016.

MORI, Cristina Kiomi, 2011. *Políticas públicas para inclusão digital no Brasil:* aspectos institucionais e efetividade em iniciativas federais de disseminação de telecentros no período 2000-2010. 351. f. Tese (Doutorado em Serviço Social) – Instituto de Ciências Humanas, Universidade de Brasília, Brasília, *apud* ROSA, Fernanda Ribeiro. Inclusão digital como política pública: disputas no campo dos direitos humanos. *Revista Internacional de Direitos Humanos*. p. 33-55, 2013.

ROSA, Fernanda Ribeiro. Inclusão digital como política pública: disputas no campo dos direitos humanos. *Revista Internacional de Direitos Humanos*, p. 33-55, 2013.

PACTO GLOBAL. *A iniciativa*. Disponível em: <https://www.pactoglobal.org.br/a-iniciativa>. Acesso em: 10 ago. 2022.

______. *Objetivo de desenvolvimento sustentável 10:* redução das desigualdades. Disponível em: <https://brasil.un.org/pt-br/sdgs/10>. Acesso em: 12 ago. 2022.

REZENDE, Laura Vilela Rodrigues, LIMA, Meyrielle Rodrigues. Governança na internet: um estudo sobre o marco civil brasileiro. Palabra Clave – ISSN: 0122-8285 - Vol. 19, No. 1, p. 133-155

SENADO FEDERAL. *Proposta torna inclusão digital direito fundamental.* Disponível em: <https://www12.senado.leg.br/noticias/materias/2022/01/12/proposta-torna-inclusao-digital-direito-fundamental>. Acesso em: 10 ago. 2022.

SILVA, Roberta da; MARQUES, Aline Damian; DONADEL, Marcos Vinicius Steinhorst. Desafios da inclusão digital e direitos humanos. *Anais do 2º Congresso Internacional de Direito e Contemporaneidade:* mídias e direitos da sociedade em rede. Universidade Federal de Santa Maria, 04, 05 e 06 de junho de 2013, p. 852-864.

TOMASEVICIUS FILHO, Eduardo. Marco Civil da Internet: uma lei sem conteúdo normativo. *Estudos Avançados*, n. 30, v. 86, 2016.

TRIBUNAL DE JUSTIÇA DO PARANÁ. *Sustentabilidade*. Disponível em: <https://www.tjpr.jus.br/en/web/sustentabilidade/pacto-global-e-agenda-2030>. Acesso em: 1º ago. 2022.

UNITED NATIONS. *Roadmap for digital cooperation.* Disponível em: <https://www.un.org/en/content/digital-cooperation-roadmap/>. Acesso em: 15 ago. 2022.

Terceirização e "Pejotização": A Jurisprudência do STF e o Sistema Interamericano de Proteção dos Direitos Humanos

Lorena Vasconcelos Porto(1)

1. Introdução

Em virtude das transformações socioeconômicas, políticas e ideológicas ocorridas no pós-Segunda Guerra Mundial, a estratégia empresarial, objetivando a redução dos custos, passou a utilizar, entre outros mecanismos, a terceirização.

Por um lado, a grande empresa tornou-se mais enxuta, fragmentando-se em unidades menores, organizadas em rede, para as quais transfere parcelas do seu ciclo produtivo. As "filhas", no entanto, permanecem sob o controle da "mãe", o que é propiciado pelas novas tecnologias da informação e comunicação. É o que Márcio Túlio Viana denomina *terceirização externa*(2).

Essa descentralização produtiva ocorre, inclusive, em nível global, aproveitando-se das vantagens comparativas oferecidas por determinados países, entre as quais se insere uma proteção social e trabalhista insuficiente. Trata-se de verdadeiro *shopping* social, nas palavras de Umberto Romagnoli.

---

(1) Procuradora do Ministério Público do Trabalho. Doutora em Autonomia Individual e Autonomia Coletiva pela Universidade de Roma *"Tor Vergata"*. Mestre em Direito do Trabalho pela PUC-MG. Especialista em Direito do Trabalho e Previdência Social pela Universidade de Roma *"Tor Vergata"*. Professora convidada do Mestrado em Direito do Trabalho da Universidad Externado de Colombia, em Bogotá, e da Pós-Graduação da Universidade Presbiteriana Mackenzie.

(2) VIANA, Márcio Túlio; DELGADO, Gabriela Neves; AMORIM, Helder Santos. Terceirização — aspectos gerais — a última decisão do STF e a Súmula n. 331 do TST - novos enfoques. *Revista LTr*, São Paulo, LTr, v. 75, p. 282-295, 2011.

Outra forma de terceirização é a utilização direta pela empresa de trabalhadores contratados por outra, com a qual celebra um contrato de prestação de serviços (*terceirização interna*). O objeto do ajuste empresarial é o fornecimento de mão de obra.

Essa forma de terceirização também é utilizada pelas empresas para reduzir os custos, em geral por meio da precarização — ocasionada pelo menor patamar de direitos aplicáveis aos terceirizados e pela desestruturação e enfraquecimento dos sindicatos laborais —, e para tentar se esquivar da responsabilidade decorrente do vínculo empregatício.

A terceirização consiste em transferir a outra empresa a realização de um serviço ou atividade que a própria empresa realizava ou poderia realizar, pois aquela é especializada em sua execução e esta pode se concentrar na consecução de seu objeto social. E é exatamente a especialização e a concentração que possibilitarão a melhoria na qualidade dos bens ou serviços e o aumento da produtividade, competitividade e lucro. Esse é o conceito de terceirização, criado pelas Ciências da Economia e da Administração e apropriado pelo Direito do Trabalho. Trata-se, portanto, de uma técnica de administração, e não de gestão de pessoal, razão pela qual a terceirização somente será lícita se for empregada dessa forma, não podendo ser confundida com a intermediação fraudulenta de mão de obra(3).

A utilização da terceirização para reduzir custos trabalhistas é, em verdade, um desvirtuamento do instituto, com o objetivo ilícito de impedir a aplicação da legislação laboral, o que gera a sua nulidade, nos termos do art. 9º, da CLT(4).

2. A terceirização no Direito brasileiro

A terceirização foi prevista, primeiramente, para a Administração Pública, pelo Decreto-lei n. 200/1967, com o objetivo de "melhor desincumbir-se das tarefas de planejamento, coordenação, supervisão e controle", por meio do repasse contratual de "tarefas executivas" a empresa privada "suficientemente desenvolvida e capacitada" (art. 10, § 7º). A Lei n. 5.645/1970 previu um rol de atividades de apoio, instrumentais, que poderiam ser terceirizadas pelos entes públicos (art. 3º, parágrafo único).

Para o setor privado, foram editadas a Lei n. 6.019/1974, que instituiu o trabalho temporário urbano, e a Lei n. 7.102/1983, que autorizou a terceirização de serviços de vigilância patrimonial e de transporte de valores no segmento bancário.

---

(3) CARELLI, Rodrigo de Lacerda. *Terceirização e intermediação de mão de obra:* ruptura do sistema trabalhista, precarização do trabalho e exclusão social. Rio de Janeiro: Renovar, 2003. p. 77-78.

(4) Art. 9º Serão nulos de pleno direito os atos praticados com o objetivo de desvirtuar, impedir ou fraudar a aplicação dos preceitos contidos na presente Consolidação.

Em 1986, o Tribunal Superior do Trabalho (TST) aprovou o Enunciado n. 256, que restringiu a terceirização lícita aos casos previstos na Lei n. 6.019/1974 e na Lei n. 7.102/1983. Em razão de não contemplar as hipóteses do Decreto-lei n. 200/1967 e da Lei n. 5.645/1970, relativas à possibilidade de terceirização de atividades-meio pela Administração Pública, esse Enunciado foi cancelado, sendo substituído pela Súmula n. 331.

A Lei n. 8.863/1994, ao alterar a Lei n. 7.102/1983, ampliou a possibilidade de prestação dos serviços de vigilância e transporte de valores, por empresas privadas especializadas, para além do segmento bancário, inclusive a pessoas físicas.

Em 1997, foi editado o Decreto n. 2.271 para regulamentar o Decreto-lei n. 200/1967, tendo o referido art. 3º, parágrafo único, da Lei n. 5.645/1970 sido revogado pela Lei n. 9.527/1997.

Em 24.09.2018, foi publicado no Diário Oficial da União o Decreto Federal n. 9.507/2018, revogando o mencionado decreto e regulamentando a terceirização de serviços no âmbito da Administração Pública Federal direta, autárquica, fundacional, das empresas públicas e das sociedades de economia mista da União. O novo decreto inova em relação ao Decreto n. 2.271/1997, na medida em que este se atinha somente às atividades de assessoramento e apoio administrativo (conservação, limpeza, segurança, vigilância, transportes, informática, copeiragem, recepção, reprografia, telecomunicações e manutenção de prédios, equipamentos e instalações). A abrangência dos novos dispositivos não pode ser vista como uma autorização para utilização de terceirizados em quaisquer atividades, inclusive naquelas principais, em razão dos princípios constitucionais que regem a Administração Pública, em especial a exigência constitucional da prévia aprovação em concurso público para a investidura em cargos, funções ou empregos públicos, ressalvadas somente as nomeações para cargo em comissão de livre nomeação e exoneração, assim declarado em lei (art. 37, inciso II e § 2º, da CF/1988)[5].

A Súmula n. 331 prevê como hipóteses lícitas de terceirização: trabalho temporário (Lei n. 6.019/1974); contratação de serviços de vigilância, de transporte de valores (Lei n. 7.102/1983) e de conservação e limpeza, bem como de serviços especializados ligados à atividade-meio do tomador, desde que inexistente a pessoalidade e a subordinação direta. Estendeu-se ao setor privado a possibilidade, prevista legalmente para a Administração Pública, de terceirização de atividades-meio.

---

(5) *Vide* ANAMATRA. *Decreto n. 9.507/2018 ameaça profissionalização do serviço público, alerta Anamatra.* Disponível em: <https://www.anamatra.org.br/imprensa/noticias/27010-decreto-n-9-507-2018-ameaca-profissionalizacao-do-servico-publico-alerta-anamatra>. Acesso em: 04 jan. 2023.

Antes da alteração promovida pela Resolução n. 174/2011, a Súmula n. 331, em seu inciso IV, previa, no caso de a terceirização ser lícita, a responsabilidade subsidiária, inclusive dos entes da Administração Pública direta e indireta, pelas obrigações trabalhistas inadimplidas pelo tomador de serviços, desde que houvesse participado da relação processual e constasse do título executivo judicial.

Após essa alteração, ocorrida em virtude da decisão prolatada pelo STF na Ação Declaratória de Constitucionalidade (ADC) n. 16, passou a ser previsto que a Administração Pública responde subsidiariamente apenas se evidenciada a sua conduta culposa no cumprimento das obrigações da Lei n. 8.666/1993, especialmente na fiscalização do cumprimento das obrigações contratuais e legais da prestadora de serviço (empregadora).

No caso de a terceirização ser ilícita, o vínculo empregatício é estabelecido com o tomador de serviços, o qual responde diretamente pela integralidade das verbas devidas ao trabalhador. Tal vínculo, no entanto, não pode ser fixado com os entes da Administração Pública em virtude da exigência constitucional da prévia aprovação em concurso público.

A Súmula n. 331, para definir a licitude da terceirização, procede à distinção entre atividade-meio e atividade-fim. A atividade-fim pode ser definida como "as funções e tarefas empresariais e laborais que se ajustam ao núcleo da dinâmica empresarial do tomador dos serviços, compondo a essência dessa dinâmica e contribuindo inclusive para a definição de seu posicionamento e classificação no contexto empresarial e econômico". A atividade-meio, por sua vez, corresponde às "funções e tarefas empresariais e laborais que não se ajustam ao núcleo da dinâmica empresarial do tomador dos serviços, nem compõem a essência dessa dinâmica ou contribuem para a definição de seu posicionamento no contexto empresarial e econômico mais amplo"[(6)].

Desse modo, o TST definiu a licitude da terceirização de serviços especializados ligados à atividade-meio do tomador, desde que inexistentes a pessoalidade e a subordinação direta do trabalhador a esse último. No caso do trabalho temporário, essa distinção era irrelevante, pois a função exercida pelo obreiro poderia se inserir na atividade-fim do tomador. Tratando-se de clara exceção à vedação geral de intermediação de mão de obra, devem ser observadas, sob pena de ilicitude, as exigências materiais e formais da Lei n. 6.019/1974.

A Lei n. 6.019/1974, com a alteração promovida pela Lei n. 13.429/2017 e pela Lei n. 13.467/2017 (reforma trabalhista), passou a permitir a terceirização de

(6) DELGADO, Mauricio Godinho. *Curso de Direito do Trabalho*. 16. ed. São Paulo: LTr, 2017. p. 518.

quaisquer atividades da empresa, inclusive daquelas finalísticas, por meio da celebração de contrato de prestação de serviços. Todavia, tal contrato será nulo se presentes os elementos fático-jurídicos da relação de emprego (subordinação, pessoalidade, não eventualidade e onerosidade) entre os trabalhadores e o tomador, pois, nesse caso, há intermediação ilícita de mão de obra, e não uma autêntica prestação de serviços.

A Lei n. 6.019/1974 passou a prever os seguintes requisitos para a validade da terceirização, cuja ausência resulta no vínculo empregatício direto dos trabalhadores com o tomador de serviços: a) efetiva transferência da execução de atividades à empresa prestadora, como objeto contratual; b) execução autônoma da atividade pela empresa prestadora, nos limites do contrato de prestação de serviço; e c) capacidade econômica da empresa prestadora, compatível com a execução do contrato (arts. 4º-A, 5º-A e 5º-B)[7].

Na prestação de serviços, o que se contrata é a atividade, e não os trabalhadores, conforme dispõe expressamente a Lei n. 6.019/1974. A prestadora deve ter autonomia na condução dos serviços, admitindo-se apenas o controle de caráter finalístico por parte da contratante. Não pode haver ingerência da tomadora na realização dos serviços ou na execução do trabalho por qualquer empregado da contratada.

Assim, há fraude à relação de emprego quando caracterizadas a subordinação e a pessoalidade entre o trabalhador e tomadora, nos termos do § 1º, do art. 4º-A, da Lei n. 6.019/1974, segundo o qual cabe à empresa prestadora dirigir a prestação pessoal de trabalho dos seus empregados. A intermediação de mão de obra permanece proibida pela Lei n. 6.019/1974, com a única exceção do trabalho temporário. E não podia ser diferente, diante do disposto nos arts. 2º, 3º e 9º, da CLT, os quais não foram alterados pela reforma trabalhista, pois, configurados os elementos fático-jurídicos da relação de emprego entre o trabalhador e o tomador de serviços, deve ser reconhecida a intermediação ilícita de mão de obra e, consequentemente, a formação do vínculo empregatício.

3. A jurisprudência do Supremo Tribunal Federal

Até a entrada em vigor da Lei n. 13.467/2017, prevalecia, na Justiça do Trabalho, o entendimento expresso na Súmula n. 331 do TST, que vedava a terceirização de atividades finalísticas. A previsão da terceirização das "atividades inerentes, acessórias ou complementares" ao serviço concedido — tanto na Lei n. 8.987/1995, relativa às

---

(7) *Vide* MINISTÉRIO PÚBLICO DO TRABALHO — COORDENADORIA NACIONAL DE COMBATE ÀS FRAUDES NAS RELAÇÕES DE TRABALHO. Manual de Apoio Prestação de Serviços, "Pejotização" e Autônomo. Brasília: Procuradoria-Geral do Trabalho, 2017.

concessionárias de serviço público, quanto na Lei n. 9.472/1997, que trata do setor de telecomunicações —, também era interpretada, pela doutrina e jurisprudência majoritárias, como possibilidade de terceirização de atividades-meio[(8)-(9)].

No julgamento do RE n. 958.252, o STF, por maioria, decidiu pela possibilidade de terceirização de todas as atividades da empresa contratante, inclusive daquelas finalísticas. Foi fixada a seguinte tese de repercussão geral (Tema n. 725): "É lícita a terceirização ou qualquer outra forma de divisão do trabalho entre pessoas jurídicas distintas, independentemente do objeto social das empresas envolvidas, mantida a responsabilidade subsidiária da empresa contratante". O STF buscou esclarecer que sua decisão abrange as diversas terminologias usadas na ordem jurídica: "prestação de serviços a terceiros", "terceirização", "contratação de terceiros", "execução indireta das atividades materiais acessórias, instrumentais ou complementares" pela iniciativa privada.

Consta expressamente na ementa do acórdão do RE n. 958.252 a necessidade da "INEXISTÊNCIA DE CARÁTER FRAUDULENTO", bem como que, nos termos da Lei n. 6.019/1974, alterada pela reforma trabalhista, devem ser observadas as "obrigações e formalidades exigidas das empresas tomadoras e prestadoras de serviço". No voto do Ministro Alexandre de Moraes, menciona-se, entre as questões jurídico-constitucionais postas no julgamento, "Se a denominada 'terceirização de atividade-fim' se confunde com a atividade de 'ilícita intermediação de mão de obra', que

---

(8) Como ressaltou a ex-Ministra do TST e atual Ministra do STF, Rosa Maria Weber, em diversos acórdãos, "a interpretação sistemática do art. 94, II, da Lei n. 9.472/97 — a chamada Lei Geral de Telecomunicações — atenta aos fundamentos constitucionais da República, à polissemia da palavra 'inerente', à natureza da norma em exame, ao princípio da isonomia, à necessidade de observância do objeto social da pessoa jurídica e da função social da empresa, bem como à luz do conceito de subordinação objetiva e dos princípios informadores do Direito e, em especial do Direito do Trabalho, e à própria compatibilização que entre eles se impõe, conduz à conclusão de que o dispositivo não autoriza a terceirização no pertinente à atividade-fim das concessionárias de telecomunicações". BRASIL. TRIBUNAL SUPERIOR DO TRABALHO, 3ª Turma, *RR n. 16100-43.2009.5.03.0022*, data de julgamento: 29.06.2011, data de publicação: *DEJT* 19.08.2011.

(9) No julgamento do Recurso Extraordinário com Agravo n. 791.932, o STF reconheceu a repercussão geral da questão relativa à ofensa ao princípio da reserva de plenário (art. 97 da CF/88) em razão da não aplicação pelo TST — sem que a sua inconstitucionalidade tenha sido declarada pelo pleno da Corte —, do art. 94, II, da Lei n. 9.472/1997, que supostamente permitiria a terceirização de atividade fim pelas empresas de telecomunicações. BRASIL. SUPREMO TRIBUNAL FEDERAL. *ARE 791.932/DF*, Relator: MIN. ALEXANDRE DE MORAES, *DJE* n. 116, de 16.06.2014. Ressalta-se que, no julgamento da Reclamação n. 10.132, ajuizada contra a decisão da 3ª Turma do TST no julgamento do Recurso de Revista n. 6749/2007-663-09-00, pelo suposto descumprimento da súmula vinculante 10 do STF ao afastar a aplicabilidade do art. 94, II, da Lei n. 9.472/1997 sem a declaração de sua inconstitucionalidade pelo pleno da Corte, o Ministro Relator Gilmar Mendes concedeu a liminar, suspendendo a decisão do TST. BRASIL. SUPREMO TRIBUNAL FEDERAL. *RCL 10.132/PR*. Relator: MIN. GILMAR MENDES, *DJE* n. 217, de 11.11.2010. Posteriormente, julgou-a procedente, cassando a decisão do TST e determinando que outra seja proferida em seu lugar, com observância do princípio da reserva de plenário (*DJE* n. 86, de 07.05.2014).

busca burlar a efetividade dos direitos sociais e previdenciários e afastar a valorização do trabalho". Em resposta, afirmou-se a "inexistência de identidade conceitual entre 'terceirização de atividade-fim' — que não se diferencia da própria terceirização — e as hipóteses ilícitas de 'intermediação de mão de obra'". Destacam-se, ainda, os seguintes trechos do referido voto[10]:

> "(...) **a denominada "intermediação de mão de obra" ilícita**, como salientado pelo Ministério Público do Trabalho e no próprio parecer da Procuradoria-Geral da República, **consiste em mecanismo fraudulento que visa burlar a efetividade dos direitos sociais e previdenciários dos trabalhadores**; desvalorizar o primado do trabalho, por meio de abuso e exploração do trabalhador **e ocultar os verdadeiros responsáveis pelas contratações, para impedir sua plena responsabilidade**; o que, não raras vezes, acaba tipificando hipóteses de trabalho escravo. **São, portanto, hipóteses absolutamente diversas**, tendo **a ilícita "intermediação de mão de obra"** sido, pioneiramente, proibida na França, que tipifica como crime o "empréstimo ilícito de mão de obra" (artigo L8231-1 do Código Trabalhista Francês) — *marchandage* —, cuja caracterização exige a existência e abuso e exploração do trabalhador, com afastamento de seus direitos sociais; **não se confundindo com a terceirização**, que, inclusive, é permitida na França, desde a década de 1970, em todas as atividades da empresa. O próprio caso concreto, trazido a julgamento com a repercussão geral no RE n. 958.252, é suficiente para demonstrar a imprecisão, artificialidade e incompatibilidade atual da diferenciação entre "atividade-fim" e "atividade-meio"; **bem como para afastar qualquer identidade da terceirização com a intermediação ilícita de mão de obra**. (...) **caso a prática de ilícita intermediação de mão de obra, com afronta aos direitos sociais e previdenciários dos trabalhadores, se esconda formalmente em uma fraudulenta terceirização, por meio de contrato de prestação serviços, nada impedirá a efetiva fiscalização e responsabilização, pois o Direito não vive de rótulos, mas sim da análise da real natureza jurídica dos contratos**." (grifos nossos)

No julgamento virtual dos embargos de declaração opostos pelo SITIEXTRA e outros e pelo Procurador-Geral da República (PGR) em face do acórdão proferido no RE n. 958.252, as Ministras Cármen Lúcia e Rosa Weber e os Ministros Dias Toffoli, Edson Fachin, Ricardo Lewandowski e Nunes Marques acompanharam o relator, Ministro Luiz Fux, que deu parcial provimento aos embargos "exclusivamente com o fim de, modulando os efeitos do julgamento, assentar a aplicabilidade dos efeitos da tese jurídica fixada apenas aos processos que ainda estavam em curso na data da conclusão do julgado (30.08.2018), restando obstado o ajuizamento de ações rescisórias contra decisões transitadas em julgado antes da mencionada data que tenham a

---

(10) BRASIL. SUPREMO TRIBUNAL FEDERAL. *RE n. 958.252/MG*. Relator: MIN. LUIZ FUX. Disponível em: <https://portal.stf.jus.br/processos/detalhe.asp?incidente=4952236>. Acesso em: 04 jan. 2023.

Súmula n. 331 do TST por fundamento, mantidos todos os demais termos do acórdão embargado".

Na ementa do acórdão proferido na ADPF n. 324, consta o seguinte[(11)]:

> "(...) 3. A terceirização não enseja, por si só, precarização do trabalho, violação da dignidade do trabalhador ou desrespeito a direitos previdenciários. **É o exercício abusivo da sua contratação que pode produzir tais violações. Para evitar tal exercício abusivo, os princípios que amparam a constitucionalidade da terceirização devem ser compatibilizados com as normas constitucionais de tutela do trabalhador, cabendo à contratante: i) verificar a idoneidade e a capacidade econômica da terceirizada; e ii) responder subsidiariamente pelo descumprimento das normas trabalhistas, bem como por obrigações previdenciárias** (art. 31 da Lei n. 8.212/1993). "(...) Firmo a seguinte tese: "1. É lícita a terceirização de toda e qualquer atividade, meio ou fim, não se configurando relação de emprego entre a contratante e o empregado da contratada. 2. **Na terceirização, compete à contratante: i) verificar a idoneidade e a capacidade econômica da terceirizada; e ii) responder subsidiariamente pelo descumprimento das normas trabalhistas, bem como por obrigações previdenciárias**, na forma do art. 31 da Lei n. 8.212/1993".

Resta claro, portanto, que o STF, ao julgar o RE n. 958.252 e a ADPF n. 324, decidiu, com efeito vinculante e *erga omnes*, que podem ser terceirizadas todas as atividades, inclusive finalísticas. Todavia, a terceirização não se confunde com a intermediação ilícita de mão de obra, devendo ser aplicado o princípio da primazia da realidade com possibilidade de reconhecimento do vínculo empregatício dos trabalhadores com o tomador de serviços no caso de fraude. Ademais, devem ser observados os requisitos da Lei n. 6.019/74 para a validade da prestação de serviços. Tal entendimento do STF foi corroborado no julgamento da ADI n. 5.625[(12)]:

> "AÇÃO DIRETA DE INCONSTITUCIONALIDADE. LEI FEDERAL N. 13.352, DE 27 DE OUTUBRO DE 2016, CONHECIDA COMO LEI DO SALÃO-PARCEIRO. CONSTITUCIONALIDADE. 1. São válidos os contratos de parceria celebrados entre trabalhador do ramo da beleza (cabeleireiro, barbeiro, esteticista, manicure, pedicure, depilador e maquiador), denominado "profissional-parceiro", e o respectivo estabelecimento, chamado "salão-parceiro", em consonância com as normas contidas na Lei federal n. 13.352/2016. 2. A higidez do contrato é condicionada à conformidade com os fatos, de modo que **é nulo instrumento com elementos caracterizadores de relação de emprego**. 3. **Estando presentes**

---

(11) BRASIL. SUPREMO TRIBUNAL FEDERAL. *ADPF 324/DF*. Relator: MIN. ROBERTO BARROSO. Disponível em: <https://portal.stf.jus.br/processos/detalhe.asp?incidente=4620584>. Acesso em: 04 jan. 2023.

(12) BRASIL. SUPREMO TRIBUNAL FEDERAL. *ADI 5.625/DF*. Relator: MIN. EDSON FACHIN. Redator do acórdão: MIN. NUNES MARQUES. Disponível em: <https://portal.stf.jus.br/processos/detalhe.asp?incidente=5094239>. Acesso em: 04 jan. 2023.

elementos que sinalizam vínculo empregatício, este deverá ser reconhecido pelo Poder Público, com todas as consequências legais decorrentes, previstas especialmente na Consolidação da Leis do Trabalho. 4. Pedido julgado improcedente."

Essa distinção fundamental feita pelo STF foi adotada em acórdãos posteriores proferidos pelo TST, como ilustram as seguintes ementas:

"(...) TERCEIRIZAÇÃO. TÉCNICO EM COMPUTAÇÃO. EMPRESA DE TELEFONIA. **TESE FIXADA PELO STF. ADPF N. 324, RE N. 928.252 E RE N. 791.932. *DISTINGUISHING*. SUBORDINAÇÃO DIRETA AO TOMADOR DOS SERVIÇOS. VÍNCULO DE EMPREGO CARACTERIZADO**. 1. Em que pese o posicionamento firmado pelo STF no julgamento da ADPF n. 324 e do RE n. 958.252 e do RE n. 791.932, de repercussão geral, no sentido de que "é lícita a terceirização ou qualquer outra forma de divisão do trabalho entre pessoas jurídicas distintas, independentemente do objeto social das empresas envolvidas, mantida a responsabilidade subsidiária da empresa contratante", no caso, verifica-se distinção fático-jurídica (*distinguishing*) em relação à tese ali fixada, uma vez que **o reconhecimento do vínculo de emprego não resultou apenas do labor do autor em atividade-fim da tomadora dos serviços, mas da constatação da "presença de subordinação do autor em face da primeira ré, para quem prestava serviços diretamente, utilizando-se do espaço e equipamentos desta**, nos mesmos moldes que antes fazia, quando era diretamente contratado pela primeira ré até o ano de 1999. 2. **Verifica-se, assim, que o caso dos autos não se amolda à hipótese dirimida pelo STF**, razão pela qual não há retratação a ser feita nos moldes do art. 1.039 do CPC/2015. Com efeito, porque se extrai do acórdão regional que **o reclamante se ativou efetivamente como empregado da tomadora dos serviços, submetendo-se diretamente a suas ordens**, torna-se lícito reconhecer o vínculo de emprego diretamente com a empresa."[13] (grifos nossos)

"JUÍZO DE RETRATAÇÃO NÃO EXERCIDO. RETORNO DOS AUTOS À TURMA. ART. 1.030, INCISO II, DO CPC/2015. TERCEIRIZAÇÃO. CONCESSIONÁRIA DE SERVIÇOS DE TELECOMUNICAÇÕES. PREVISÃO NO ART. 94, INCISO II, DA LEI N. 9.472/97. IMPOSSIBILIDADE DE SE AFASTAR A APLICAÇÃO DO DISPOSITIVO SEM DECLARAÇÃO DE INCONSTITUCIONALIDADE (SÚMULA VINCULANTE 10 E ART. 97 DA CONSTITUIÇÃO FEDERAL). DECISÃO PROFERIDA PELO SUPREMO TRIBUNAL FEDERAL NOS AUTOS DO ARE-791.932-DF, TEMA N. 739 DA TABELA DE REPERCUSSÃO GERAL. LICITUDE DA TERCEIRIZAÇÃO, INCLUSIVE EM ATIVIDADE-FIM DA TOMADORA DE SERVIÇOS E RESPONSABILIZAÇÃO SUBSIDIÁRIA DA TOMADORA PELOS CRÉDITOS DO TRABALHADOR TERCEIRIZADO. **TESE FIRMADA NOS AUTOS DA ADPF N. 324 E DO RE N. 958.252-MG, TEMA N. 725 DA TABELA DE REPERCUSSÃO GERAL. HIPÓTESE DOS AUTOS NÃO VINCULADA À *RATIO DECIDENDI***

---

(13) BRASIL. TRIBUNAL SUPERIOR DO TRABALHO. *RR-62900-79.2007.5.09.0072*, rel. Min. Hugo Carlos Scheuermann, 1ª Turma, julgado em 05.06.2019.

DA CONTROVÉRSIA APRECIADA PELA SUPREMA CORTE. JUÍZO DE RETRATAÇÃO NÃO EXERCIDO. *DISTINGUISHING*"[14].

Todavia, contrariamente ao entendimento firmado, com efeito vinculante e *erga omnes*, pelo Pleno do STF, em algumas reclamações constitucionais, por meio de decisões monocráticas ou não unânimes de órgão fracionário, foi adotada posição distinta. É no mínimo questionável a possibilidade de alguns Ministros, em decisões singulares ou majoritárias da respectiva turma, esposarem entendimento diverso daquele firmado pelo Pleno da Suprema Corte e sedimentado em tema de repercussão geral.

Cita-se, por exemplo, a decisão do Ministro Dias Toffoli que deferiu a liminar na RCL n. 53.899/MG aviada em face de acórdão do TRT da 3ª Região, em cuja ementa consta que "É fraudulenta a inclusão de advogada como sócia quotista de sociedade de advogados, se contratada a prestação de serviços de advocacia em caráter não eventual, oneroso e com subordinação, elementos caracterizadores do vínculo de emprego, nos termos do art. 3º da CLT". O referido Ministro afirma que "a discussão permeia a verificação da regularidade da contratação de pessoa jurídica formada por profissional liberal para prestar serviços terceirizados na atividade-fim da contratante, o que demonstra a plausibilidade na tese de desrespeito à autoridade do Supremo Tribunal Federal pela autoridade reclamada"[15]. Com a devida vênia, houve uma análise equivocada dos fatos, pois não se tratava da contratação pelo escritório de advocacia de pessoa jurídica formada pela advogada, mas sim da inclusão desta última no quadro societário do escritório. Ademais, não houve a necessária fundamentação, pois não se externaram os motivos pelos quais o acórdão do TRT da 3ª Região teria descumprido o entendimento expresso pelo STF no Tema n. 725 de repercussão geral. *Data maxima venia*, o desrespeito à autoridade do Supremo Tribunal Federal está presente, em verdade, na referida decisão monocrática.

As mesmas observações aplicam-se à decisão proferida na RCL n. 56.285/SP pelo Ministro Roberto Barroso, que deixou de aplicar ao caso o princípio da primazia da realidade, embora o tenha enunciado da seguinte forma: "(...) desde que o contrato seja real, isto é, de que não haja relação de emprego com a empresa tomadora do serviço, com subordinação, horário para cumprir e outras obrigações típicas do contrato trabalhista, hipótese em que se estaria fraudando a contratação."[16]. A afirmação de

(14) BRASIL. TRIBUNAL SUPERIOR DO TRABALHO. *ARR-126700-53.2009.5.06.0021*, rel. Min. José Roberto Freire Pimenta, 2ª Turma, julgado em 20.05.2020.

(15) BRASIL. SUPREMO TRIBUNAL FEDERAL. *RCL n. 53.899/MG*. Relator: MIN. DIAS TOFFOLI. Disponível em: <https://portal.stf.jus.br/processos/detalhe.asp?incidente=6423407>. Acesso em: 04 jan. 2023.

(16) BRASIL. SUPREMO TRIBUNAL FEDERAL. *RCL n. 56.285/SP*. Relator: MIN. ROBERTO BARROSO. Disponível em: <https://portal.stf.jus.br/processos/detalhe.asp?incidente=6497618>. Acesso em: 04 jan. 2023.

que é lícita a "pejotização" consiste em oxímoro, pois a figura pressupõe exatamente a fraude, isto é, transformar artificialmente um empregado em pessoa jurídica, sem observar os requisitos da Lei n. 6.019/1974 para a validade da prestação de serviços.

A assertiva de que o Direito do Trabalho somente se aplica ao trabalhador hipossuficiente, e não a "profissional com elevado grau de escolaridade e remuneração expressiva, capaz, portanto, de fazer uma escolha esclarecida sobre sua contratação", sem que "tenha havido coação na contratação celebrada", não tem respaldo na ordem jurídica. A CLT, inclusive os seus arts. 2º, 3º e 9º, está plenamente em vigor: presentes no caso concreto os requisitos da relação de emprego, esta deve ser reconhecida, ainda que não o queiram as partes envolvidas, pois se trata de normas imperativas, de ordem pública. Há direitos e interesses tutelados — inclusive do Fisco, Seguridade Social e Sistema Único de Saúde —, que extrapolam as partes do contrato de trabalho. Ademais, o Direito Laboral estabelece um mínimo de proteção que deve ser observado pelos próprios trabalhadores (função concorrencial), pois, caso se permita que um obreiro abdique de seus direitos, a fruição destes pelos demais trabalhadores restará comprometida, pois as empresas preferirão contratar empregados sem direitos para reduzir seus custos. A própria figura do empregado "hiperssuficiente" (art. 444, parágrafo único, da CLT, introduzido pela reforma trabalhista) reforça o entendimento de que o Direito do Trabalho não se aplica apenas a trabalhadores hipossuficientes.

Esse entendimento vai ao encontro dos votos vencidos das Ministras Rosa Weber e Cármen Lúcia, no julgamento pela 1ª Turma de agravo regimental na RCL n. 47.843/BA, oriunda de ação civil pública ajuizada pelo Ministério Público do Trabalho relativa à "pejotização" de médicos[17]. Veja-se:

> Ministra Cármen Lúcia: "5. O Tribunal Regional do Trabalho da Quinta Região deu provimento ao recurso ordinário interposto pelo Ministério Público do Trabalho, **por concluir ser fraudulenta a contratação de médicos como pessoa jurídica**. Essa decisão foi mantida nos julgamentos do recurso de revista e do agravo de instrumento. 6. **Não se vislumbra descompasso, nem estrita aderência entre os atos impugnados e o entendimento firmado pelo Supremo Tribunal Federal no julgamento da Arguição de Descumprimento de Preceito Fundamental n. 324/DF e do Recurso Extraordinário n. 958.252, Tema n. 725 da repercussão geral**. (...) **Na espécie, o Tribunal de origem reconheceu tratar-se de hipótese de "pejotização" (contratação de pessoas físicas como pessoas jurídicas para mascarar a relação de emprego)**. (...) Quanto ao alegado desrespeito à Súmula Vinculante n. 10, o Tribunal Regional do Trabalho da Quinta Região não declarou a inconstitucionalidade nem afastou, com fundamento constitucional, a incidência das normas contidas nas Leis ns. 13.429/2017 e 13.467/2017, **mas apenas, analisando os elementos jurídicos e probatórios, concluiu ter havido fraude na contratação e que havia vínculo empregatício na espécie** (...)" (grifos nossos)

(17) BRASIL. SUPREMO TRIBUNAL FEDERAL. *RCL n. 47.843/BA*. Relatora: MIN. CÁRMEN LÚCIA. Redator do acórdão: MIN. ALEXANDRE DE MORAES. Disponível em: <https://portal.stf.jus.br/processos/detalhe.asp?incidente=6198801>. Acesso em: 04 jan. 2023.

> Ministra Rosa Weber: "No segundo tema, ADPF n. 324, de relatoria do Ministro Luís Roberto Barroso, peço vênia a Sua Excelência. Ali, enfrentamos a licitude da terceirização. A mesma coisa ocorreu no **Tema n. 725, sob o regime da repercussão geral: examinamos a licitude da terceirização**. (...) **Em absoluto, é o caso**. (...) **ação civil pública** contra o Instituto, **objetivando a declaração da nulidade da contratação de médicos como autônomos ou por meio de pessoa jurídica, chamada de pejotização;**"; (grifos nossos)

Tal entendimento também consta no agravo regimental interposto pelo PGR em face de decisão monocrática do Ministro Alexandre de Moraes na RCL 53.771/ES, oriunda de acórdão do TRT-17 que reconheceu a fraude à relação de emprego na "pejotização" de médico oncologista[18]. No recurso, alega-se a inobservância do art. 988, § 5º, II, do CPC, pois havia agravo de instrumento em recurso de revista pendente de julgamento pelo TST e, portanto, não haviam sido esgotadas as instâncias ordinárias. Há, ainda, a ausência de aderência estrita entre o acórdão do TRT-17 e o julgamento apontado como paradigma, pois o acórdão regional faz alusão à fraude e à relação de emprego, enquanto a decisão proferida pelo STF na ADPF n. 324 e a tese fixada no julgamento do Tema n. 725 referem-se à possibilidade de terceirização de atividade-fim da empresa tomadora. Segundo o PGR, "O STF reconheceu a licitude da terceirização de atividade-fim ou de atividade-meio, em atenção aos princípios constitucionais da livre iniciativa e da livre concorrência, não excluindo a possibilidade de reconhecimento de fraude à lei em contextos concretos de utilização da terceirização de modo irregular, para burlar a legislação trabalhista". Destacou-se também que a possibilidade de reconhecimento do vínculo de emprego em caso de fraude na terceirização foi reafirmada pelo STF no julgamento da ADI n. 5.625 (Lei do Salão-Parceiro).

4. O Sistema Interamericano de Proteção dos Direitos Humanos

Em um caso concreto, mesmo com decisão do STF transitada em julgado, se houver violação a dispositivo da Convenção Americana sobre Direitos Humanos (promulgada pelo Decreto n. 678/1992) ou a direitos sindicais e à educação (art. 19.6 do Protocolo de San Salvador, aprovado pelo Decreto Legislativo n. 56/1995 e promulgado pelo Decreto n. 3.321/1999), é possível apresentar uma denúncia à Comissão Interamericana de Direitos Humanos, em regra no prazo de seis meses (art. 46 da Convenção Americana), com a consequente responsabilização do Estado brasileiro no Sistema Interamericano de Proteção dos Direitos Humanos.

Quanto ao tema ora tratado, poderia ser alegada violação a garantias judiciais e proteção judicial (arts. 8º e 25 da Convenção Americana), em virtude da análise equivocada dos fatos e da ausência de devida motivação. Ademais, na Opinião Consultiva

---

(18) BRASIL. SUPREMO TRIBUNAL FEDERAL. *RCL n. 53.771/ES*. Relator: MIN. ALEXANDRE DE MORAES. Disponível em: <https://portal.stf.jus.br/processos/detalhe.asp?incidente=6418442 >. Acesso em: 04 jan. 2023.

n. OC-27/21, de 05 de maio de 2021, ao realizar a interpretação autêntica dos arts. 13, 15, 16, 24, 25 e 26, em relação com os arts. 1.1 e 2 da Convenção Americana, dos arts. 3, 6, 7 e 8 do Protocolo de San Salvador, dos arts. 2, 3, 4, 5 e 6 da Convenção de Belém do Pará (aprovada no Brasil pelo Decreto Legislativo n. 107/1995 e promulgada pelo Decreto n. 1.973/1996), dos arts. 34, 44 e 45 da Carta da OEA e dos arts. II, IV, XIV, XXI e XXII da Declaração Americana, a Corte Interamericana de Direitos Humanos afirmou o princípio da primazia da realidade sobre a forma, nos seguintes termos, cujo descumprimento também poderia ser alegado na referida denúncia[19]:

> Parágrafo 209: "Especificamente, os Estados devem adotar medidas que visem: a) o reconhecimento dos trabalhadores e das trabalhadoras na legislação como empregados e empregadas, **se na realidade o são**, pois assim devem ter acesso aos direitos trabalhistas que lhes correspondem de acordo com a legislação nacional". (grifos nossos)
>
> Voto concorrente do Juiz L. Patricio Pazmiño Freire: "Devemos lembrar a máxima do direito do trabalho de que **a realidade fática prevalece sobre o *nomen iuris*** e que as relações trabalhistas — onde quer que ocorram — devem ser protegidas por esse direito, sempre à luz do princípio *in dubio pro operario*". (grifos nossos)

Na mesma Opinião Consultiva OC-27/21, a Corte Interamericana reafirmou a obrigação de o Poder Judiciário nacional realizar o controle de convencionalidade, sob pena de responsabilização internacional do Estado:

> Parágrafo 36: "A Corte também considera necessário lembrar que, de acordo com o direito internacional, quando um Estado é parte de um tratado internacional, como a Convenção Americana, **esse tratado vincula todos os seus órgãos, inclusive os poderes judiciário** e legislativo, de modo que **a violação por qualquer um desses órgãos gera responsabilidade internacional para aquele**. É por isso que considera necessário que os diversos órgãos do Estado realizem o correspondente controle de convencionalidade, também com base no que indica no exercício de sua jurisdição não contenciosa ou consultiva (...)". (grifos nossos)

No mesmo sentido é a Recomendação n. 123, de 07.01.2022, do Conselho Nacional de Justiça (CNJ), dirigida aos órgãos do Poder Judiciário brasileiro para a observância dos tratados e convenções internacionais de direitos humanos, a utilização da jurisprudência da Corte Interamericana de Direitos Humanos e o controle de convencionalidade das leis internas[20].

---

(19) CORTE INTERAMERICANA DE DERECHOS HUMANOS. *Opinión Consultiva OC-27/21 de 5 de mayo de 2021 solicitada por la Comisión Interamericana de Derechos Humanos. Derechos a la Libertad Sindical, Negociación Colectiva y Huelga, y su relación con otros Derechos, con perspectiva de Género*. Disponível em: <https://www.corteidh.or.cr/docs/opiniones/seriea_27_esp1.pdf>. Acesso em: 04 jan. 2023.

(20) CONSELHO NACIONAL DE JUSTIÇA (CNJ). *Recomendação n. 123, de 7 de janeiro de 2022*. Disponível em: <https://atos.cnj.jus.br/files/original1519352022011161dda007f35ef.pdf>. Acesso em: 04 jan. 2023.

Além dos Estados-membros da OEA, qualquer pessoa, grupo ou ONG pode apresentar denúncia à Comissão Interamericana, que a investiga e busca solução amistosa entre as vítimas e o Estado. Caso a Comissão constate a violação do direito e não obtenha a conciliação, envia a demanda à Corte Interamericana, cuja jurisdição foi reconhecida pelo Brasil (Decreto Legislativo n. 89/1998). Cabe aos tribunais constitucionais ou aos tribunais supremos (como o STF no Brasil) a última palavra no âmbito interno quanto à constitucionalidade, mas cabe à Corte Interamericana a última palavra quanto ao controle de convencionalidade da Convenção Americana.

5. Conclusão

Em virtude das transformações socioeconômicas, políticas e ideológicas ocorridas no pós-Segunda Guerra Mundial, a estratégia empresarial, voltada à redução dos custos e à maximização dos lucros, modificou-se, passando a utilizar, entre outros mecanismos, a terceirização.

Esse fenômeno abrange tanto a fragmentação da grande empresa em unidades menores, organizadas em rede (terceirização externa), quanto a utilização direta de trabalhadores contratados por outra empresa por meio de um contrato de prestação de serviços (terceirização interna).

Na ausência de lei que regulamentasse de forma geral a terceirização, a jurisprudência trabalhista, por meio do Enunciado n. 256 e, posteriormente, da Súmula 331, buscou sintetizar os permissivos legais contidos em diplomas específicos e traçar critérios objetivos para se determinar as hipóteses em que é lícita a terceirização, bem como os efeitos decorrentes de sua ilicitude.

O STF, ao julgar o RE n. 958.252 e a ADPF n. 324, decidiu, com efeito vinculante e *erga omnes*, que podem ser terceirizadas todas as atividades, inclusive finalísticas. Todavia, a terceirização não se confunde com a intermediação ilícita de mão de obra, devendo ser aplicado o princípio da primazia da realidade com possibilidade de reconhecimento do vínculo empregatício dos trabalhadores com o tomador de serviços no caso de fraude. Ademais, devem ser observados os requisitos da Lei n. 6.019/1974 para a validade da prestação de serviços.

Todavia, recentes decisões do STF em reclamação constitucional contrariam o entendimento firmado pela Corte no julgamento que gerou a tese fixada no Tema n. 725. Além de ser questionável a possibilidade de alguns Ministros, em decisões monocráticas ou majoritárias da respectiva turma, adotarem entendimento diverso daquele firmado pelo Pleno da Suprema Corte e sedimentado em tema de repercussão geral, em um caso concreto, mesmo com decisão do STF transitada em julgado, é possível a responsabilização do Estado brasileiro no Sistema Interamericano de Proteção dos Direitos Humanos. Cabe à Corte Interamericana, e não ao STF, a última palavra no controle de convencionalidade da Convenção Americana.

Referências bibliográficas

ANAMATRA. *Decreto n. 9.507/2018 ameaça profissionalização do serviço público, alerta Anamatra.* Disponível em: <https://www.anamatra.org.br/imprensa/noticias/27010-decreto-n-9-507-2018-ameaca-profissionalizacao-do-servico-publico-alerta-anamatra>. Acesso em: 04 jan. 2023.

BRASIL. SUPREMO TRIBUNAL FEDERAL. *ADI n. 5.625/DF.* Relator: MIN. EDSON FACHIN. Redator do acórdão: MIN. NUNES MARQUES. Disponível em: <https://portal.stf.jus.br/processos/detalhe.asp?incidente=5094239>. Acesso em: 04 jan. 2023.

______. SUPREMO TRIBUNAL FEDERAL. ***ADPF n. 324/DF.*** Relator: MIN. ROBERTO BARROSO. Disponível em: <https://portal.stf.jus.br/processos/detalhe.asp?incidente=4620584>. Acesso em: 04 jan. 2023.

______. SUPREMO TRIBUNAL FEDERAL. *ARE n. 791.932/DF*, relator: MIN. ALEXANDRE DE MORAES, *DJE* n. 116, de 16.06.2014.

______. SUPREMO TRIBUNAL FEDERAL. *RCL n. 10.132/PR.* Relator: MIN. GILMAR MENDES, DJE n. 217, de 11.11.2010.

______. SUPREMO TRIBUNAL FEDERAL. *RCL n. 47.843/BA.* Relatora: MIN. CÁRMEN LÚCIA. Redator do acórdão: MIN. ALEXANDRE DE MORAES. Disponível em: <https://portal.stf.jus.br/processos/detalhe.asp?incidente=6198801>. Acesso em: 04 jan. 2023.

______. SUPREMO TRIBUNAL FEDERAL. *RCL n. 53.771/ES.* Relator: MIN. ALEXANDRE DE MORAES. Disponível em: <https://portal.stf.jus.br/processos/detalhe.asp?incidente=6418442>. Acesso em: 04 jan. 2023.

______. SUPREMO TRIBUNAL FEDERAL. *RCL n. 53.899/MG.* Relator: MIN. DIAS TOFFOLI. Disponível em: <https://portal.stf.jus.br/processos/detalhe.asp?incidente=6423407>. Acesso em: 04 jan. 2023.

______. SUPREMO TRIBUNAL FEDERAL. *RCL n. 56.285/SP.* Relator: MIN. ROBERTO BARROSO. Disponível em: <https://portal.stf.jus.br/processos/detalhe.asp?incidente=6497618>. Acesso em: 04 jan. 2023.

______. SUPREMO TRIBUNAL FEDERAL. *RE n. 958.252/MG.* Relator: MIN. LUIZ FUX. Disponível em: <https://portal.stf.jus.br/processos/detalhe.asp?incidente=4952236>. Acesso em: 04 jan. 2023.

______. TRIBUNAL SUPERIOR DO TRABALHO. *ARR-126700-53.2009.5.06.0021*, rel. Min. José Roberto Freire Pimenta, 2ª Turma, julgado em 20.05.2020.

______. TRIBUNAL SUPERIOR DO TRABALHO. *RR n. 16100-43.2009.5.03.0022*, relª. Minª. Rosa Maria Weber, 3ª Turma, data de julgamento: 29.06.2011, data de publicação: DEJT 19.08.2011.

______. TRIBUNAL SUPERIOR DO TRABALHO. *RR-62900-79.2007.5.09.0072*, rel. Min. Hugo Carlos Scheuermann, 1ª Turma, julgado em 05.06.2019.

CARELLI, Rodrigo de Lacerda. *Terceirização e intermediação de mão de obra:* ruptura do sistema trabalhista, precarização do trabalho e exclusão social. Rio de Janeiro: Renovar, 2003.

CONSELHO NACIONAL DE JUSTIÇA (CNJ). *Recomendação n. 123, de 7 de janeiro de 2022.* Disponível em: <https://atos.cnj.jus.br/files/original1519352022011161dda007f35ef.pdf>. Acesso em: 04 jan. 2023.

CORTE INTERAMERICANA DE DERECHOS HUMANOS. *Opinión Consultiva OC-27/21 de 5 de mayo de 2021 solicitada por la Comisión Interamericana de Derechos Humanos. Derechos a la Libertad Sindical, Negociación Colectiva y Huelga, y su relación con otros Derechos, con perspectiva de Género.* Disponível em: <https://www.corteidh.or.cr/docs/opiniones/seriea_27_esp1.pdf>. Acesso em: 04 jan. 2023.

DELGADO, Mauricio Godinho. *Curso de Direito do Trabalho*. 16. ed. São Paulo: LTr, 2017.

MINISTÉRIO PÚBLICO DO TRABALHO – COORDENADORIA NACIONAL DE COMBATE ÀS FRAUDES NAS RELAÇÕES DE TRABALHO. *Manual de Apoio Prestação de Serviços, "Pejotização" e Autônomo*. Brasília: Procuradoria-Geral do Trabalho, 2017.

VIANA, Márcio Túlio, DELGADO, Gabriela Neves, AMORIM, Helder Santos. Terceirização — aspectos gerais — a última decisão do STF e a Súmula n. 331 do TST — novos enfoques. *Revista LTr*, São Paulo, LTr, v. 75, p. 282-295, 2011.

Trabalho Portuário: Considerações Sobre Flexibilidade Contratual, Plataformas Digitais, Teletrabalho (?) e Economia 4.0

Lucas Rênio da Silva[1]

Bernardino Ramazzini (2016, p. 189-190) descreveu o seguinte cenário ao abordar as "Doenças dos Carregadores" no ambiente portuário:

> Nas cidades populosas, principalmente nas marítimas, como Veneza, pela grande afluência de homens chegados de diversos pontos e pelo acúmulo de mercadorias, vê-se imensa multidão de carregadores que são indispensáveis para retirarem-se mercadorias dos navios ou levá-las a eles [...] De transportarem grandes pesos sobre os ombros, contraem distúrbios mórbidos que se tornam geralmente graves; como têm de fazer força com os músculos, especialmente com os do tórax e os do abdômen, necessitam conter o ar e o ânimo, não sendo raro que se rompam vasos do peito. Efetivamente quando esses carregadores levam, a princípio, o fardo ao ombro, aspiram grande quantidade de ar, porém depois expiram pouco; debilitam-se, então, em demasia, as cavidades pulmonares e, em razão da compressão, os vasos pneumônicos que recebem e transportam o sangue não realizam essa função devidamente, não se devendo tampouco estranhar que os vasos sanguíneos, bastante distendidos, rompam-se com facilidade. Enfraquecido, pela mesma causa,

(1) Advogado, sócio da Advocacia Ruy de Mello Miller, com atuação especializada na área trabalhista sindical, coletiva e portuária. Professor convidado em cursos de extensão e especialização da ESMPU, EJUD TRT 1ª Região, ESA-OAB/Santos, Unisantos e Unisanta. Especialista em Direito e Processo do Trabalho pela USP (Faculdade de Direito da Universidade de São Paulo – Largo São Francisco) e pela Pontifícia Universidade Católica de São Paulo (PUC-SP). Autor do Livro "Temas de Trabalho Portuário: do individual ao coletivo, do 'saco nas costas' à automação do porto 4.0". Coautor e Coorganizador do Livro "Comentários à Lei n. 12.815/13".

> o tono dos músculos do tórax e modificada a estrutura pulmonar, os carregadores tornam-se logo asmáticos; e observei, mais de uma vez, ao dissecar cadáveres, que os pulmões aderiam às costelas por neles se haver detido o ar durante muito tempo. Também se formam neles grandes varizes nas pernas, porque se retarda demasiado o movimento ascendente do sangue, por estarem os músculos das pernas e das coxas distendidos em demasia, e por influir a dilatação nas válvulas das veias. Com o andar dos tempos, todos se apresentam gibosos, dobram-se para a frente as vértebras dorsais, habituando-se a permanecerem nessa posição. Ainda que não entenda de leis de mecânica, a natureza encarregou-se de ensinar-lhes que é mais cômodo levar pesos sobre os ombros com o peito encurvado do que com o corpo retesado. Os carregadores costumam também ficar herniados, pois, ao conterem o ar, o peritônio se esgarça com muita facilidade [...] Estão propensos à tísica.

Dificilmente o pai da medicina ocupacional poderia imaginar que no futuro, após três séculos, a realidade labor-ambiental dos trabalhadores portuários estaria tão modificada. A "multidão de carregadores" foi substituída pela atuação de grupos ("ternos") cada vez menores de trabalhadores tão modificada. A "multidão de carregadores" foi substituída pela atuação de grupos ("ternos") cada vez menores de Trabalhadores, com atividades extremamente mais leves, pois os "grandes pesos" deixaram de ser carregados "sobre os ombros" e passaram a ser movimentados por guindastes mecanizados ou automatizados. *Drones* e sistemas de elevação para movimentação aérea de contêineres entre os *gates* e os pátios dos terminais, robôs que atuam na pintura e no reparo (inclusive submerso) de navios, amarração automática de navios, sistema, Amarração automática de navios, Sistema automatizado de colocação e retirada de castanhas/*twistlocks* em terminais de contêineres... Nas últimas cinco décadas a logística portuária tem experimentado profundas revoluções tecnológicas, e a "4ª Revolução Industrial" caminha a passos largos nos sistemas operacionais dos portos. Num contexto de "Logística 4.0" que já se apresenta como realidade no plano internacional, terminais portuários totalmente automatizados dispensam quase que integralmente a participação humana em suas operações: *terminal tractors* transitam no costado e no pátio sem motoristas, portêineres são teleguiados etc. Esse tipo de terminal, existente há décadas em portos da Europa e implantado mais recentemente na Ásia, ficou conhecido como terminal fantasma (*ghost terminal*), existente há décadas em Portos da Europa e implantado mais recentemente na Ásia, ficou conhecido como

Terminal Fantasma (*Ghost Terminal*) em virtude da ausência de seres humanos no cais. No plano intermodal já existem testes bem-sucedidos de locomotivas autônomas que fazem o transporte ferroviário entre o local de produção e o terminal portuário, além de projetos que conectam navios não tripulados a terminais automatizados, de caminhões autônomos que transportam contêineres entre os terminais portuários e seus destinos (ultrapassando os limites da instalação portuária, realizando transporte externo rodoviário) e de sistemas autônomos de parqueamento que no futuro podem ser implantados em navios *roll on / roll off* para embarque e desembarque de veículos (tarefa que atualmente é executada por um grande grupo de trabalhadores que dirigem os veículos para dentro e fora dos navios).

Esse panorama é mais impactante do que a invenção do contêiner e gera disrupção nos paradigmas que dominaram por séculos a atividade marítimo-portuária, refletindo diretamente nas relações entre trabalho e capital. Ligada aos primórdios da humanidade, a navegação teve papel destacado no processo histórico de desenvolvimento cultural, comercial, industrial e econômico das sociedades ao redor do mundo. O uso mercantil do transporte marítimo foi certamente a mola propulsora dessa realidade. Desde o seu nascedouro o trabalho portuário se desenvolveu de modo marcadamente braçal, com emprego de grande esforço físico e necessidade de numerosos ternos/contingentes de trabalhadores para dar conta do embarque, desembarque e armazenamento das cargas. Essa realidade vigorou por séculos nos portos de todo o mundo. Na Inglaterra, por exemplo, Hobsbawm (2000, p. 244-245) historia que:

> Tecnicamente falando, o trabalho da estiva era espantosamente primitivo em 1889. Naturalmente é verdade que a irregularidade essencial das chegadas e partidas dos navios impõe limites até hoje à racionalização e à mecanização da faina portuária, mas no fim da década de 1880 não havia, em absoluto com exceção dos cais, guindastes, guinchos e ferrovias de beira de cais, virtualmente nenhum equipamento mecânico. A revolução técnica que iria mecanizar a carga e descarga de grãos e carvão, e até certo ponto da madeira, não foi iniciada seriamente senão no fim da década de 1890 e começo da de 1900, e o seu progresso foi lento. A melhor descrição do trabalho nas docas de Londres em 1908 dificilmente menciona equipamento mecânico exceto no Cais Vitória (trigo, carne congelada e carvão), e mesmo em 1914 muito içamento de carvão em Liverpool era feito em cestas manuais, enquanto a descarga de grãos por sacos estava longe de ser extinto em Bristol mesmo após a mecanização da Primeira Guerra Mundial [...] Tecnicamente, as docas de Liverpool,

tais como descritas por Sexton no fim da década de 1880, como as docas de Gênova no mesmo período, estavam mais próximas do ofício dos carregadores centro-africanos do que da indústria moderna.

No Brasil esse cenário rudimentar ainda era forte no início do século XX. A figura emblemática de Jacinto, "o Sansão do cais santista"(2), espelhava a realidade geral do trabalho portuário no Brasil. A movimentação braçal de sacarias nos terminais e navios só começou a ser efetivamente eliminada na segunda metade do século XX, com o surgimento do contêiner, portêineres, sistemas de correias transportadoras e *shiploaders*. Esses equipamentos substituíram a mão de obra de milhares de Trabalhadores que se avolumavam em longas filas para carregar ou descarregar navios. Com efeito, a evolução tecnológica do aparelhamento portuário e das embarcações reduziu sensivelmente a necessidade de participação humana nos métodos de manipulação das cargas. Conforme relata Francisco Carlos de Morais Silva (1994, p. 20),

> Com a evolução comercial, industrial, de transportes e comunicações, as antigas gerações de navios, atendendo às necessidades tecnológicas, foram sendo substituídas, culminando por atingir a modernização dos dias atuais. Nos últimos decênios, a evolução se fez sentir de forma acentuada, com a entrada, em tráfego, de navios *full-containers*. A introdução do container, de maneira intensiva, em todos os principais tráfegos mundiais, modificou radicalmente a filosofia da operação portuária. Seguiram-se os navios *roll-on/roll-off*, agora já em terceira ou quarta geração, modernos transportadores de automóveis, graneleiros, petroleiros combinados e outros navios sofisticados, providos de aparelhagens coerentes com as necessidades do tráfego. Esses modernos navios vieram simplificar as operações, de forma que a intervenção humana passou a ser menos exigida [...] operações anteriores que necessitavam de 12 (doze) a 15 (quinze) trabalhadores para serem executadas — hoje podem ser realizadas com apenas 4 (quatro) ou 5 (cinco) pessoas.

No caso específico do Brasil essa realidade se confirmou à medida que as instalações e equipamentos foram modernizadas com a injeção de capital privado, mais especificamente a partir da Lei n. 8.630/1993. A exemplo do que aconteceu em outros

---

(2) Trabalhador que se tornou um mito no Porto de Santos ao ser fotografado com cinco sacas de café nas costas (cerca de 300 — trezentos — quilos ao todo). Naquela época, por volta do ano 1.900, o trabalho braçal era indispensável para o embarque e desembarque das mercadorias.

setores produtivos, essa mutação das operações portuárias foi puxada pela globalização social e econômica. Pode-se dizer que é uma questão de sobrevivência, pois os Países que não se adaptam ao processo evolutivo mundial ficam à margem do progresso econômico. Consequentemente, os avanços sociais sofrem prejuízos. No Brasil essa necessidade é ainda maior, pois seu comércio exterior depende quase que integralmente do Setor Portuário. Aliás, a proeminência do transporte marítimo no comércio exterior é uma realidade linear no mundo globalizado. Dados da *International Chamber of Shipping* (Câmara Internacional de Navegação, em tradução livre) referem que aproximadamente 90% das trocas comerciais mundiais passam pelos portos[(3)]. No Brasil isso não é diferente, motivo pelo qual nos dez primeiros meses de 2017 o modal marítimo foi responsável pelas fatias de 83,5% do total de exportações e 73,6% das importações[(4)]. A modernização das operações portuárias exige que o sistema de trabalho se apresente evoluído, preparado para atender as constantes transformações da logística internacional. Dentro dessa concepção, o trabalho portuário contemporâneo é marcado por uma atuação mais especializada e dinâmica. Isto significa que as vagas para o trabalho braçal (com alto esforço físico) estão se tornando cada vez mais escassas. Por outro lado, as oportunidades de natureza técnica aumentam em termos de número e grau de importância (Ex.: operação e manutenção de equipamentos, processamento de dados informatizados etc.).

É público e notório, no Brasil e no mundo, que há cada vez menos espaço para a participação humana nas operações portuárias. A propósito, existem etapas operacionais cujo nível de automação dispensa totalmente a intervenção de trabalho braçal (Exemplo: embarque de granéis sólidos e líquidos). No plano internacional essa redução da dependência de esforço humano nas operações é ainda mais drástico. Pesquisas apontam que no Porto de Roterdã, na década de 1960, a introdução dos contêineres na logística marítimo-portuária significou uma diminuição de aproximadamente 80% (oitenta por cento) no contingente de estivadores que era necessário para movimentar as cargas. No século XX esse mesmo Porto de Roterdã já se notabilizava pela automação na movimentação de contêineres, sendo pioneiro dentre os terminais fantasmas existentes no mundo. Estudos revelam que os *ghost terminals* geram os seguintes índices (aproximadamente): redução de 50% no contingente de trabalhadores, economia de 70% nos custos trabalhistas e aumento de 30% na eficiência operacional. Um exemplo

(3) Disponível em: <http://www.ics-shipping.org/docs/default-source/resources/annual-review-2018.pdf?sfvrsn=14>. Acesso em: 02 maio 2019, 00hs57mins.

(4) Disponível em: <http://www.brasil.gov.br/noticias/infraestrutura/2017/11/essencial-para-o-comercio-exterior-transporte-maritimo-avanca-no-brasil>. Acesso em: 02 maio 2019, 01hs45mins.

sintomático desse cenário está na mão de obra necessária para dirigir carretas/*terminal tractors*. Enquanto no Brasil os motoristas/operadores ainda representam significativa parcela dos quadros de colaboradores, nos terminais fantasmas esses veículos transitam de forma autônoma com rotas definidas por programas de computador. São "plataformas com rodas"[(5)], sequer possuem cabines. A operação é programada e gerenciada por um pequeno grupo de Trabalhadores especializados que ficam numa torre de controle. Theo Notteboom e Francesco Vitellaro citam, no artigo "*The impact of innovation on dock labour: evidence from European ports*", que "27% do trabalho portuário já está automatizado e quase 85% de suas tarefas serão automatizadas até 2040. Portanto, os trabalhadores portuários são desafiados a adquirir qualificações específicas para atender às atuais e futuras necessidades do mercado de trabalho"[(6)].

Na década de 1970, quando formatou a Convenção n. 137 e a Recomendação n. 145, a OIT já previa de modo bem realista que os "Novos Métodos de Processamento de Carga nos Portos" acarretariam drástica redução dos contingentes de portuários. Nesse cenário, as referidas normas da OIT estabeleceram que as medidas mais adequadas para atenuar os efeitos da automação passariam principalmente por (1) antecipação de aposentadorias, (2) planos de desligamento e (3) readaptação funcional. No tocante à "antecipação de aposentadorias" a Lei n. 12.815/2013 foi um retrocesso em comparação com a Lei n. 8.630/1993. O art. 4 da Convenção n. 137 da OIT preceitua que "Os efetivos dos registros serão periodicamente revistos a fim de fixá-los em um nível que corresponda às necessidades do porto. Quando uma redução dos efetivos de um registro se tornar necessária, todas as medidas úteis serão tomadas, com a finalidade de prevenir ou atenuar os efeitos prejudiciais aos portuários". A Recomendação n. 145 da OIT, por sua vez, propõe "a redução da idade para a aposentadoria ou a ajuda com vistas à aposentadoria voluntária, mediante a concessão de pensões, complementações aos valores das aposentadorias pagas pelo Estado ou indenizações" (art. 19, item "d"). A Lei n. 8.630/1993 dispunha que a inscrição do trabalhador avulso extinguia-se automaticamente pela aposentadoria (art. 27, § 3º). Entretanto, a Lei n. 12.815/2013 quebrou essa sistemática e passou a prever apenas duas causas para a extinção da matrícula: morte e cancelamento (solicitação do TPA, PDV, infração disciplinar etc). Essa modificação gera desequilíbrio, diminuindo as oportunidades de ganho para os trabalhadores ativos que, ao contrário dos aposentados, não têm outra fonte de renda. Quanto aos "planos de desligamento", a Lei n. 8.630/1993 previu uma série de medidas nesse sentido, tendo criado até mesmo incentivos financeiros para o

(5) AGV, "*automated guided vehicles*" (veículos guiados automaticamente).

(6) Disponível em: <https://www.impresaprogetto.it/sites/impresaprogetto.it/files/articles/notteboom.pdf>. Acesso em: 12 fev. 2020, 16hs45mins.

cancelamento de matrícula. Na Lei n. 12.815/2013 continuam constando como atribuições dos Órgãos de Gestão de Mão de Obra (OGMOs) a "criação de programas de realocação e de cancelamento do registro" e o repasse de "contribuições destinadas a incentivar o cancelamento do registro e a aposentadoria voluntária". Em linhas gerais, porém, poucas iniciativas nesse sentido foram adotadas e, quando ocorreram, não tiveram o alcance e a eficácia necessárias para solucionar a questão. João Bebiano Prates, ao falar sobre a "reestruturação portuária de 1993 em Portugal", destacou que o "Pacto de Concertação Social no Sector Portuário" assinado por Governo, Empresários e Sindicatos de Trabalhadores previu como essenciais as seguintes medidas:

> Licenciamento dos trabalhadores portuários excedentários, o que foi concretizado com a saída de 1.201 trabalhadores, representando mais de 60% do total do efectivo dos portos. As indemnizações atribuídas pela desvinculação, tiveram por base, essencialmente, a remuneração mensal auferida e a antiguidade dos trabalhadores no sector, em conformidade com a legislação aplicável aos despedimentos colectivos; Controlo das novas admissões de trabalhadores portuários, por forma a evitar a repetição de novos excedentes no futuro, e, ao mesmo tempo, estabelecer, nos termos da lei, requisitos de certificação profissional dos novos trabalhadores, condicionada, designadamente, à frequência de cursos de formação profissional aprovados pelo Instituto do Trabalho Portuário (ITP).(7)

O contingente de portuários que existia até a segunda metade do século XX no Brasil já não tem mais razão de ser nos dias atuais. Perdeu a lógica há bastante tempo, gerando situações anacrônicas com ternos excessivos, funções não cumpridas etc. Reduções já aconteceram de 1993 até aqui, mas a quantidade de trabalhadores Portuários Avulsos no sistema OGMO ainda é excessiva e precisa diminuir através das medidas propostas pela OIT e pela Lei dos Portos. A automação dos terminais portuários brasileiros crescerá nas próximas décadas, pois, do contrário, o país ficará marginalizado nas trocas comerciais globalizadas. Nesse sentido, futuramente o Brasil terá *ghost terminals* e o trabalho portuário que hoje conhecemos será profundamente modificado. Algumas décadas ainda se passarão até que a automação dos portos brasileiros alcance os níveis dos *ghost terminals* europeus e asiáticos. O impacto social será menor se as medidas previstas pelas normas da OIT começarem a ser discutidas e implementadas desde já; algo que foi feito de modo muito insipiente nessas últimas

(7) Disponível em: <http://retedigital.com/wp-content/themes/rete/pdfs/portus/Portus_6/A_reestrutura%C3%A7%C3%A3o_portu%C3%A1ria_de_1993_em_Portugal.pdf>. Acesso em: 20 jul. 2018, 18hs02mins.

décadas que se passaram desde a modernização portuária brasileira impulsionada pela Lei n. 8.630/1993. A "readaptação funcional" é tema relevante nessa reflexão sobre o futuro. Merecem destaque as seguintes disposições da Recomendação OIT n. 145:

> 18.1) Quando diminuir a demanda de determinadas categorias de portuários deveria ser feito todo o possível para manter esses trabalhadores nos empregos da indústria portuária, dando-lhes a necessária oportunidade de readaptação profissional para trabalhar em outras categorias; essa readaptação deveria ser facilitada com suficiente antecedência, em qualquer mudança prevista nos métodos de trabalho.
>
> 2) Se fosse inevitável reduzir o volume total de inscritos deveriam ser feitos todos os esforços necessários para ajudar os portuários a conseguir outro emprego, colocando à sua disposição os serviços de readaptação profissional e a assistência dos serviços públicos do emprego.

E não estamos falando aqui de treinamento e qualificação voltados aos métodos operacionais já existentes no Brasil. Esse quesito, que também carece de melhorias e tem sido objeto de propostas para reformulação do sistema "PREPOM — Marinha do Brasil", é uma necessidade do presente. Para o futuro do qual estamos falando, porém, o treinamento e a qualificação sobre os quais se fala hoje não terão serventia. As atividades operacionais hoje existentes serão totalmente modificadas, e grande parte delas deixará de existir (caso dos motoristas de carreta ou operadores de *terminal tractor*, por exemplo). Atualmente os terminais brasileiros apresentam uma proporção muito maior de empregados operacionais do que de Empregados administrativos. Daqui a algumas décadas esse cenário ficará invertido, até o ponto em que as próprias etapas operacionais serão realizadas por Trabalhadores que ficarão em ambiente administrativo (torres de controle, como acontece em Roterdã). George Vaggelas destaca que o "trabalhador portuário 4.0" deverá ser especialista em TI, pois

> [...] a tecnologia está evoluindo na indústria portuária e cria desafios para os trabalhadores portuários. A automação de processos portuários focada nos serviços de cais (ou seja, no carregamento e descarregamento) e nas áreas de armazenamento, exige habilidades adicionais para os trabalhadores portuários. O conhecimento do uso do PC junto com o uso de programas de software especializados e a compreensão dos serviços em nuvem estão entre as habilidades que serão valiosas no futuro. Isso não significa que o trabalho no setor portuário será totalmente eliminado. As tecnologias podem reduzir os empregos de baixa qualificação nos portos, mas, por outro lado, novos empregos altamente qualificados serão criados, como arquitetos de sistemas, engenheiros de TI, analistas de negócios etc. Concluindo, estamos indo de um pessoal

qualificado para um multi-capacitado nos portos e, nessa transição, o conhecimento de novas tecnologias é uma vantagem.(8)

No porto de Auckland, Nova Zelândia, o avanço dos projetos de automação tem sido impactado pela dificuldade em recrutar pessoas com esse perfil de "portuário 4.0". O departamento de recursos humanos do referido porto tem buscado "pessoas que não estejam apenas interessadas em conduzir transportadores e guindastes, mas que se adaptem a outras áreas de trabalho e possibilidades, com mudanças de funções à medida que o porto se desenvolve"(9). No ano de 2019 entidades sindicais como a ILWU, nos Estados Unidos, e a MUA, na Austrália, iniciaram protestos e greves contra o avanço da automação nos Portos de Los Angeles, Brisbane, DP World Fremantle, DP World Melbourne e DP World Sydney. Ao invés de resistirem à automação, que é um fenômeno irreversível e beneficia a sociedade como um todo, os sindicatos de Trabalhadores Portuários deveriam lançar esforços no sentido de preparar seus representados para essa realidade evolutiva: realização de cursos voltados às necessidades do "Porto 4.0", consultoria para redirecionamento profissional etc. É improdutiva a postura sindical de lutar contra o avanço tecnológico, defendendo situações ultrapassadas que não se justificam na atualidade e que ficarão ainda mais insustentáveis num futuro próximo. Um exemplo latente dessas posturas sindicais retrógradas se verifica na insistência de manter os ternos (equipes) de trabalho superdimensionados, com uma quantidade muito superior àquela que realmente se faz necessária no atual estado da técnica. Conforme destacado por Tânia Christina Zotto (2002, p. 42-43),

> Poucos casos há em que a tecnologia não atingiu a força de trabalho portuária. Couper (*op. cit.*) cita os seguintes casos de portos que têm, apesar da inovação tecnológica, mantido seu quadro de trabalhadores:
>
> 1. Portos de países produtores de petróleo;
>
> 2. Portos nos quais a substituição de mão de obra tem sido amenizada pelo incremento do comércio;
>
> 3. Portos onde os sindicatos, ou o governo, ou ambos, têm sido capazes de manter o contingente de trabalhadores acima das necessidades do trabalho;
>
> 4. Portos que têm crescido à custa de outros da mesma região através de sucesso na competição ou devido a manobras por razões civis ou

(8) Disponível em: <https://www.porteconomics.eu/2019/02/07/interview-docker-4-0-to-be-international-and-it-skilled/>. Acesso em: 26 jul. 2019, 01hs17mins – tradução livre do autor.

(9) Disponível em: <https://www.mundomaritimo.cl/noticias/escasez-de-mano-de-obra-capacitada-y-automatizacion-desafian-la-empleabilidad-en-los-puertos-del-mundo>. Acesso em: 26 jul. 2019, 10hs07mins.

> militares [...] O Porto de Santos encaixa-se perfeitamente no item n. 3 do rol supra.

Em setembro de 2016, por ocasião de um dissídio coletivo no qual o Sindicato dos Estivadores do Porto de Santos insistia na manutenção de um terno (equipe) composto por 9 (nove) trabalhadores nas operações de contêineres, Tânia Cristina Zotto elaborou parecer técnico na condição de assessora do Tribunal Regional do Trabalho da 2ª Região e constatou que o trabalho de Estiva pode ser adequadamente executado por um terno de 4 (quatro) trabalhadores (Proc. 1001879-87.2016.5.02.0000). O referido parecer destacou, dentre outros pontos, que a composição excessiva do terno de Estivadores não se justifica nem mesmo sob o prisma da segurança labor-ambiental. O "Manual Técnico da NR-29", elaborado pela Fundacentro[10] — Ministério do Trabalho e Emprego, destaca o seguinte quanto à peação e despeação de contêineres: "Recomenda-se que o destravamento dos varões seja executado por dois trabalhadores e que não tenha outra equipe trabalhando ao lado, a fim de evitar que algum trabalhador seja atingido caso ocorra a queda do varão"[11]. Além de estar alinhada ao parecer técnico do Proc. 1001879-87.2016.5.02.0000 no tocante ao número de estivadores no terno, essa recomendação alerta que o excesso de trabalhadores na área operacional gera riscos, é indesejável. O "Manual Técnico da NR-29" reconhece que a automação contribui para elevar os níveis se segurança no trabalho portuário ao mencionar, por exemplo, que há um maior índice de acidentes nas operações com "equipamentos não automatizados" e que, "para uma operação segura, recomenda-se a utilização de quadro posicionador (*spreader*) automático e o menor número possível de trabalhadores próximos à área de risco". De fato, o avanço da automação e da tecnologia como um todo contribui significativamente para eliminar riscos labor-ambientais. Nedo Zacchelli, no artigo "Homens e robôs: tinta fresca", destaca que "há uma grande diferença entre as fotos do jovem filipino que caiu de uma altura de 30 metros enquanto fazia trabalhos de limpeza ao lado de um navio de cruzeiro atracado em Livorno, e a foto de robôs com a função de remover camadas antigas de tinta do casco de um navio conteineiro em um estaleiro para manutenção. É impossível não pensar em como, graças ao uso da tecnologia, essa morte trágica poderia ter sido evitada. Há algum tempo, assistimos a uma mudança de época no cais, com o trabalho manual tradicional cada vez mais substituído por processos automatizados. Guindastes de empilhamento com controle remoto, serviços ativados digitalmente e empilhadeiras acionados por um único centro de controle estão agora na ordem do dia. Por exemplo, a Hapag Lloyd está testando o novo sistema de pintura HTC (*Hull Treatment Carrier*) [...] em nove

(10) Fundação Jorge Duprat Figueiredo de Segurança e Medicina do Trabalho.

(11) *NR-29* [texto]: segurança e saúde no trabalho portuário: manual técnico. Organização, Antonio Carlos Garcia Júnior. São Paulo : Fundacentro, 2014. p. 134.

navios. Consiste em várias unidades automatizadas que viajam ao longo da lateral do casco do navio. A tarefa deles é remover as camadas antigas de tinta do casco a uma pressão extremamente alta de água e repintar o navio do zero. De acordo com o anúncio da empresa, as cabeças do sistema HTC podem alcançar até 77% dos aproximadamente 9.300 metros quadrados de superfície por navio e aplicar aproximadamente 600-800 metros quadrados de tinta por hora, o que significa que leva apenas algumas horas para uma única camada de tinta(12). No Brasil a Petrobras está desenvolvendo técnica semelhante, na seguinte linha:

> Imagine a exposição ao risco que envolve estar suspenso a cerca de 30 metros de altura em alto-mar para pintar o casco de uma plataforma com 332 metros de comprimento. Uma solução criada — e patenteada — pela Petrobras vai revolucionar a indústria de petróleo para aplicação de pintura em grandes superfícies planas verticais. Batizado de robô de pintura, e apelidado de robô pintor, o novo equipamento trará aumento de produtividade e diminuição de exposição humana ao risco, além de reduzir o desperdício de tinta e melhorar a qualidade do acabamento. "Um homem pinta 20 metros quadrados por hora, enquanto o robô pinta 300. Além disso, com pintores é preciso montar um andaime, que faz a operação toda levar cerca de 35 dias. Com o robô, o tempo cai para 14 dias" afirma o consultor do Centro de Pesquisas da Petrobras (Cenpes), André Koebsch, um dos inventores do equipamento. O difícil acesso ao local de pintura também provocou o surgimento da solução. "Além da redução do tempo para conclusão do trabalho, diminuiremos a exposição de trabalhadores em áreas de risco, reafirmando o compromisso da companhia com a segurança em nossas operações", completa o pesquisador.(13)

Além dos benefícios ligados à saúde e à segurança, a modernização e a automação também contribuem para que o trabalho portuário se torne mais acessível em termos de gênero, de limitações físicas etc. A situação dos portêineres operados à distância é um bom exemplo disso. A possibilidade de que os Operadores atuem numa sala administrativa, através de controles remotos, retira barreiras que existem no *modus operandi* tradicional: passagem por área operacional, subida até a cabine do equipamento (que fica a mais de 40ms do solo), posição ergonomicamente desafiadora (olhando para baixo, num compartimento que se movimenta diversas vezes para

---

(12) Disponível em: <https://www.portnews.it/en/fresh-paint/>. Acesso em: 04 mar. 2020, 11hs06mins.

(13) Disponível em: <https://nossaenergia.petrobras.com.br/pt/energia/uso-de-robo-revoluciona-a-aplicacao-de-pintura-em-plataformas/>. Acesso em: 04 mar. 2020, 11hs15mins.

frente e para trás sobre o navio e o costado) etc. Esse contexto fica bem evidente na tese de Doutorado que Marcelo Patrício (2014, p. 115, 143 e 144) apresentou à Escola Politécnica da USP:

> [...] operação de portêineres com uso de operadores de forma remota, isto é, operando o sistema a distância e não mais nas cabines fixas do equipamento. Interessante notar a possibilidade de o trabalhador operar mais de um equipamento simultaneamente [...] Sistema de Controle Remoto (*Remote Control*) [...] que retira o operador da cabine fixa do equipamento para um ambiente de escritório com melhor ergonomia, eliminando um problema de saúde ocupacional (dores nas costas) e diminuição dos índices de afastamento por esse problema [...] O Manzanilo International Terminal no Panamá realizou esse processo de transferência do operador de portêiner da cabine a 40 metros do solo, para um ambiente de Controle Remoto no escritório de forma gradativa, trazendo o operador primeiramente para uma cabine na perna do portêiner, para depois uma mesa de controle [...] A cabine localizada na perna do RTG permite um acesso mais fácil e rápido do operador.

George Vaggelas e Camille Leotta realçam, no artigo intitulado "*Port labour in the era of automation and digitalization. What's next*?", que a "aplicação da robotização nos portos possibilitará reduzir tarefas perigosas para os trabalhadores portuários, diminuindo assim os incidentes de segurança nos portos, além de reduzir o trabalho repetitivo ou sem graça"[14]. Os sindicatos precisam enxergar que o porto é muito mais do que a sua ponta final, do que a atividade finalística de carga e descarga de embarcações no cais. Entre o *gate* do terminal e o navio existem diversas atividades que geram e continuarão gerando postos de trabalho (manutenção de equipamentos, limpeza, segurança, informática, faturamento, relacionamento com clientes etc). Nos portos brasileiros já existem casos de operadores de equipamentos que se tornaram gestores administrativos, de estivadores que passaram a trabalhar como técnicos em torre de controle de navegação etc. Embora não haja obrigatoriedade legal, uma interpretação conceitual ampliativa poderia ser adotada quanto ao espírito do art. 3 da Convenção OIT n. 137: "Os portuários matriculados terão prioridade para a obtenção de trabalho nos portos". No planejamento do futuro poderiam ser discutidos meios para que, esgotadas a "antecipação de aposentadorias" e os "planos de desligamento", o grupo ainda restante de trabalhadores do sistema OGMO fosse gradativamente ocupando o "trabalho nos portos"; "trabalho" em sentido lato, e não apenas na acepção estrita

(14) Disponível em: <https://www.impresaprogetto.it/sites/impresaprogetto.it/files/articles/vagellas_0.pdf>. Acesso em: 12 fev. 2020, 15hs33mins. Tradução livre do autor.

do labor operacional. Isso passaria por uma necessária conscientização dos próprios trabalhadores portuários e seus sindicatos no sentido de compreenderem que, num futuro inevitável, o seu "trabalho nos portos" não será mais no navio, no cais, no pátio e talvez nem mesmo na operação (!).

O trabalho portuário brasileiro convive essencialmente com duas modalidades contratuais: TPAs(15) e Vinculados. Ronaldo Fleury e Cristiano Paixão (2008, p. 28-29) prelecionam que "existem duas formas de prestação de trabalho portuário: ou o trabalho avulso ou a contratação pela Consolidação das Leis do Trabalho", e que essa "duplicidade de regimes parece, aliás, ser a tônica em grande parte dos países do mundo". O Regime Jurídico do Trabalho Portuário em Portugal, previsto no Decreto-lei n. 280/1993 com as modificações da Lei n. 03/2013, permite que sejam firmados "contratos de trabalho a termo", "contratos de trabalho a termo de muito curta duração" e "trabalho intermitente". Quanto às empresas de trabalho portuário (EPT), tal legislação prevê que o objeto social das mesmas consiste "na cedência temporária de trabalhadores portuários" e que elas "podem ceder trabalhadores que para esse efeito tenham contratado diretamente ou, nos termos a definir em instrumentos de regulamentação coletiva de trabalho, com recurso a relações contratuais celebradas com empresas de trabalho temporário, não constituindo esta relação cedência ilícita". Estudo organizado pela "Cámara Marítima y Portuaria de Chile (Camport)(16) revelou que o trabalho portuário avulso naquele País é contratado de diversas formas. O art. 133 do Código do Trabalho chileno disciplina que "as funções e fainas [...] só poderão ser realizadas por trabalhadores portuários permanentes, por trabalhadores ligados a um acordo de provisão de postos de trabalho e por outros trabalhadores eventuais". Os trabalhadores permanentes são contratados por "renda fixa" ou "renda variável" (também conhecido como "*bono turno*"). Na primeira modalidade, que pode ser ajustada por prazo determinado ou indeterminado, a remuneração é invariável e independe da quantidade de turnos trabalhados. A segunda modalidade também pode ser pactuada por prazo fixo ou indefinido mas, como o próprio nome já sugere, a remuneração é cambiante e varia de acordo com o número de turnos realizados no mês. Quanto aos trabalhadores eventuais, as contratações se diversificam através de quatro formas diferentes. Há o "Acordo de provisão de postos de trabalho"(17), opção na qual a Empresa assegura aos eventuais englobados pelo pacto um número mínimo de turnos por mês (a garantia é de trabalho e não de renda, motivo pelo qual os trabalhadores só ganham se efetivamente atuarem). Os "eventuais puros", por sua vez, são aqueles trabalhadores portuários que estão fora da abrangência de um CPPT e

(15) Trabalhadores Portuários Avulsos.

(16) Disponível em: <https://www.mundomaritimo.cl/noticias/camport-eventualidad-laboral-es-necesaria-dada-la-estructura-de-la-actividad-naviera>. Acesso em: 31 jan. 2019, 10hs11mins.

(17) "*Convenio de Provisión de Puestos de Trabajo* (CPPT)" – arts. 133 a 145 do Código do Trabalho do Chile.

não têm garantia mínima de trabalho. Esse grupo dos "eventuais puros" se subdivide em "ocasionais" (trabalham pouquíssimos turnos por mês), "estacionais" (trabalham apenas em alguns meses do ano), "esporádicos" (trabalham entre 42 e 78 turnos por ano) e "regulares" (trabalham entre 108 e 288 turnos por ano).

O trabalho avulso, que talvez seja a forma mais antiga de trabalho flexível, é uma tradição nos portos e está atrelado historicamente ao descolamento que ocorreu entre o Trabalho Marítimo e o Portuário (fato histórico que deu origem à autonomia do Trabalho Portuário). Esse regime de contratação está previsto essencialmente nas Leis ns. 12.815/2013 e 9.719/1998, e se desenvolve através dos Órgãos de Gestão de Mão de Obra do Trabalho Portuário (OGMOs). É interessante registrar que paulatinamente os OGMOs foram transferindo a escalação dos TPAs, conhecida como "parede", para o ambiente virtual. Mais econômica, moderna e segura, a "escala digital" ou "escala web" foi ganhando espaço nos OGMOs. Inicialmente tratava-se de uma opção adicional, e os postos de escalação continuavam funcionando para atender os TPAs que preferiam se candidatar ao trabalho pela modalidade presencial. Com o advento da Medida Provisória n. 945/2020, convertida na Lei n. 14.047/2020, essa modalidade virtual de escalação tornou-se obrigatória:

> Art. 5º O art. 5º da Lei n. 9.719, de 27 de novembro de 1998 , passa a vigorar acrescido dos seguintes §§ 1º, 2º e 3º:
>
> [...] § 1º O órgão gestor de mão de obra fará a escalação de trabalhadores portuários avulsos por meio eletrônico, de modo que o trabalhador possa habilitar-se sem comparecer ao posto de escalação.
>
> § 2º O meio eletrônico adotado para a escalação de trabalhadores portuários avulsos deverá ser inviolável e tecnicamente seguro.
>
> **§ 3º Fica vedada a escalação presencial de trabalhadores portuários.**

Essa mudança já havia ocorrido no Porto de Antuérpia em 2017, quando a escalação presencial que era feita no local conhecido como "Kot" foi substituída pelo sistema virtual "DigiKot" desenvolvido pela CEPA (sistema muito similar ao que é adotado nos OGMOs). Quem conhece bem o setor portuário sabe que o trabalho "precário", "avulso", "intermitente" ou "eventual" é característico desse segmento produtivo. Existem duas razões principais para isso. A primeira reside nas peculiaridades do setor, que é marcado por oscilações de demanda ligadas a movimentos econômicos do comércio exterior, variação das condições climáticas e outras variáveis. A segunda está ligada à cultura dos trabalhadores portuários, que por razões históricas e sociais incorporaram a "liberdade contratual" como um estilo de vida. No Brasil essa cultura é tão forte que os Estivadores têm lutado contra a vinculação empregatícia. Ao falar sobre manifestações por parte dos Estivadores do Chile que aconteceram na "primavera portuária de 2018", Oliver Weireinch, gerente geral do TPS (Terminal Pacífico Sur) de Valparaíso, destacou que o trabalho "eventual" é uma modalidade que corresponde à lógica do trabalho portuário, à sazonalidade das cargas e se acomoda à flexibilidade estimada por muitos trabalhadores. Destacou, ainda, que a liberdade do trabalho "eventual" garante a possibilidade de exercer outras atividades em paralelo, com flexibilidade de dias e horários, e que tal sistema é aplicado em modernas legislações de grandes portos internacionais[18]. O Código de Transporte da França, por exemplo, prevê em seu artigo L5343-2 os "estivadores casuais" e os "estivadores profissionais intermitentes". Estudo recente realizado no Chile[19] revelou que naquele País a "*Eventualidad es necesaria*" porque "a estrutura industrial das atividades de navegação envolve tempos mortos nos portos". De fato, nos portos em que a sazonalidade é maior o trabalho avulso torna-se mais estratégico. Entretanto, há uma tendência cada vez maior de vinculação empregatícia nos portos em que a movimentação é constante, e diversas instalações portuárias do Brasil enquadram-se nesse perfil de continuidade, constância. Assim como ocorre em qualquer outra atividade econômica, os terminais e operadores veem diversas vantagens e necessidades que conduzem à formação de uma equipe de empregados portuários: pessoalidade na seleção e na direção dos trabalhadores, treinamento mais adequado, melhor assimilação das normas e procedimentos etc. Esta preferência pela vinculação fica ainda maior nos casos em que os trabalhadores avulsos mostram-se descompromissados e desqualificados, pois os prejuízos com improdutividade e danos a equipamentos é altamente significativo no setor marítimo-portuário.

Num passado recente o Sindicato dos Estivadores do Porto de Santos resistiu terminais de contêineres de contratar 100% dos estivadores com vínculo permanente. Houve disputa judicial, e protestos foram realizados contra o planejamento dos operadores. Situação similar também já se verificou com os trabalhadores operários de capatazia contra o planejamento dos Operadores. Situação similar também já se verificou com os Trabalhadores Operários de Capatazia[20] do Porto de Santos, que protestaram contra a intenção dos terminais de granel sólido de efetuar contratações com vínculo permanente. É interessante registrar que a Convenção OIT n. 137 incentiva a vinculação[21] e que no ano de 2018 a Estiva de Portugal iniciou uma greve em

(18) Disponível em: <https://www.df.cl/noticias/economia-y-politica/actualidad/tps-y-empleo-eventual-no-es-correcto-identificarlo-con-una-forma-de/2018-12-18/205514.html>. Acesso em: 30 jan. 2020, 01h21mins.

(19) Disponível em: <https://www.mundomaritimo.cl/noticias/camport-eventualidad-laboral-es-necesaria-dada-la-estructura-de-la-actividad-na0viera>. Acesso em: 31 jan. 2019, 10hs11mins.

(20) SINTRAPORT organizou o movimento. Conforme noticiado pela imprensa, "Trabalhadores avulsos da capatazia são contra a vinculação" – Disponível em: <http://g1.globo.com/sp/santos-regiao/noticia/2016/11/portuarios-nao-chegam-acordo-com-empresas-e-mantem-greve-em-santos.html>. Acesso em: 30 jan. 2020, 01h06mins. Em Portugal os trabalhadores de capatazia são denominados de "pessoal do tráfego".

(21) "Art. 2 – 1. Incumbe à política nacional estimular todos os setores interessados para que assegurem aos portuários, na medida do possível, um emprego permanente ou regular".

Setúbal contra o trabalho precário, reivindicando um aumento no número de contratos sem termos, de vinculações por prazo indeterminado. No Chile, pesquisas apontam que "as aspirações de todos os trabalhadores portuários eventuais na macrozona do norte e no centro do país desejam ter um contrato de tempo permanente"[22]. Não se pode ignorar que parte dos trabalhadores portuários querem permanecer como eventuais (utilizaremos esta nomenclatura para nos referirmos internacionalmente, de modo único, ao trabalho "avulso", "eventual" e "precário"). Essa condição lhes garante liberdade, sem assunção permanente de compromissos ligados a disciplina, horários, metas e outras responsabilidades inerentes a um contrato sem termo (por prazo indeterminado). Os empregados têm maiores benefícios ligados a assistência médica, auxílio para alimentação, seguro de vida e diversas outras condições que se somam à segurança de ter um vínculo empregatício. Entretanto, parte dos portuários (principalmente os Estivadores) prefere ter a liberdade de ser avulso, condição que lhes assegura autonomia para escolher quando e onde irão trabalhar.

O contrato intermitente foi incorporado de modo literal à Consolidação das Leis do Trabalho pela Lei n. 13.467/2017 (arts. 443, 452-A e 611-A). A conceituação do contrato de trabalho intermitente está detalhada no art. 443, § 3º, da CLT que diz: "Considera-se como intermitente o contrato de trabalho no qual a prestação de serviços, com subordinação, não é contínua, ocorrendo com alternância de períodos de prestação de serviços e de inatividade, determinados em horas, dias ou meses, independentemente do tipo de atividade do empregado e do empregador, exceto para os aeronautas, regidos por legislação própria". Trata-se de relação contratual em que, apesar do vínculo permanente de emprego com prazo indeterminado, a jornada e a remuneração variam conforme dois fatores: a demanda do empregador e a disponibilidade do empregado (que pode recusar livremente as convocações). O contrato intermitente é chamado por muitos de "contrato zero-hora", em analogia com o "*zero hour contract*" existente em países como a Inglaterra. No referido país, em conformidade com levantamentos divulgados pelo *Office for National Statistics* em 2018, o "*zero hour contract*" foi a fonte principal de trabalho para 2,8% das pessoas empregadas no período de outubro/2017 a dezembro/2017 (aproximadamente 901.000 trabalhadores). O referido estudo apontou, também, que a média semanal de horas trabalhadas nessa espécie de contrato gira em torno de 25,2hs; frequência que é maior do que as horas trabalhadas em regime de *part-time work*. Tanto a CLT quanto a Lei n. 12.815/2013 não contêm vedação implícita ou explícita sobre a aplicação desse regime de trabalho ao Porto, cujo vínculo empregatício se forma por prazo indeterminado. Apenas a periodicidade da prestação de serviços e da remuneração é que variam em comparação

(22) Disponível em: <https://www.mundomaritimo.cl/noticias/camport-eventualidad-laboral-es-necesaria-dada-la-estructura-de-la-actividad-naviera>. Acesso em: 31 jan. 2019, 10hs11mins.

com o modelo tradicional de emprego. Vale ressaltar que apenas a categoria dos "aeronautas" foi ressalvada pela Lei n. 13.467/2017. O trabalho intermitente se apresenta como interessante opção contratual na esfera do trabalho portuário, que tem entre suas principais características a sazonalidade e a oscilação de demanda (influenciada por fatores que vão desde as condições climáticas até os movimentos econômicos do comércio exterior). A principal crítica que existe sobre o contrato intermitente, que é a inexistência de garantia mínima de jornadas e remuneração por mês, fica enfraquecida no âmbito do trabalho portuário. Sim, pois o trabalho avulso no Porto é tradicionalmente secular. Diáfano que o contrato intermitente não é mais "precário" do que o trabalho avulso. Em Portugal e na França o trabalho intermitente faz parte da relação capital-trabalho nos portos. O Decreto-lei n. 280/1993, que trata do "Regime Jurídico do Trabalho Portuário em Portugal", prevê em seu art. 7º, item 4, que "*É admitida a prestação de trabalho de movimentação de cargas na modalidade de trabalho intermitente*". No "Código de Transporte Francês" disciplina, por sua vez, que "*Dans les ports mentionnés à l'article L. 5343-1, les ouvriers dockers sont: 1° Les ouvriers dockers professionnels; 2° Les ouvriers dockers occasionnels. Les ouvriers dockers professionnels sont soit mensualisés, soit intermittents*"(23) (art. L5343-2) e que "*les entreprises ou les groupements d'entreprises mentionnés au premier alinéa de l'article L. 5343-3, lorsqu'ils n'emploient pas uniquement des ouvriers dockers professionnels mensualisés, ont recours en priorité aux ouvriers dockers professionnels intermittents, tant qu'il en existe sur le port, puis, à défaut, aux ouvriers dockers occasionnels*"(24) (art. L5343-7-1).

Embora fosse inimaginável para Ramazzini que a movimentação de cargas pelos "Carregadores" pudesse ser realizada à distância, a operação remota de veículos e guindastes tornou-se uma realidade sólida e é uma tendência em ascensão no trabalho portuário. Isso torna factível a aplicação do teletrabalho às operações portuárias. A automação está avançando rapidamente nos *ghost terminals* da Europa e da Ásia e, num contexto de economia globalizada, o Brasil precisará intensificar a aplicação de tal tecnologia num futuro próximo. Os TPAs selecionam livremente as oportunidades de trabalho (fainas) que são disponibilizadas em plataformas digitais, e a contratação intermitente tem sido vista como uma alternativa capaz de unir "o melhor dos dois mundos": vinculação de uma equipe própria, mas remunerada sob demanda (*zero hour contract*). Tudo isso revela que o trabalho portuário ultrapassou aquele perfil rudimentar que o caracterizou durante séculos e está ficando cada vez mais próximo, em

(23) Tradução livre do Autor: "Nos portos mencionados no artigo L. 5343-1, os trabalhadores portuários são: 1º Trabalhadores portuários profissionais; 2º Trabalhadores portuários ocasionais. Os Trabalhadores portuários profissionais são pagos mensalmente ou intermitentemente".

(24) Tradução livre do Autor: "as empresas, quando não contratarem exclusivamente estivadores profissionais mensais, priorizarão os estivadores profissionais intermitentes, desde que existam no porto, e, subsidiariamente, estivadores ocasionais".

termos de tecnologia e desafios, do mundo contemporâneo do trabalho marcado por expressões como "trabalho flexível", "uberização", "*gig economy*", "plataformas digitais" etc.

Referências bibliográficas

HOBSBAWM, Eric. J. *Os trabalhadores*. Estudo sobre a história do operariado. São Paulo: Paz e Terra, 2000.

PATRICIO, Marcelo. *Diagnóstico e proposta de modelo de avaliação operacional para automação em terminais de contêineres no Brasil.* 2014 Tese (Doutorado em Engenharia Naval e Oceânica) – Escola Politécnica, Universidade de São Paulo, São Paulo – Disponível em: <https://www.teses.usp.br/teses/disponiveis/3/3135/tde-28082015-152244/pt-br.php>. Acesso em: 04 mar. 2020, 15hs03mins.

PINTO, Cristiano Paixão Araujo; FLEURY, Ronaldo Curado. *Trabalho portuário:* a modernização dos portos e as relações de trabalho no Brasil. São Paulo: Método, 2008.

RAMAZZINI, Bernardino. *As doenças dos trabalhadores* [texto]. Bernardino Ramazzini; tradução de Raimundo Estrêla. 4. ed. São Paulo: Fundacentro, 2016.

SILVA, Francisco Carlos de Morais. *Direito portuário.* Considerações sobre a lei de modernização dos portos (Lei n. 8.630, de 25 de fevereiro de 1993). Belo Horizonte: Del Rey, 1994.

ZOTTO, Tânia Christina. *O trabalho de estiva:* modernização x tradição : os desafios da tecnologia e da gestão no cais. São Paulo: LTr, 2002.

O Tempo de Atividade e o Teletrabalho no Relatório do Grupo de Altos Estudos do Trabalho (GAET): De Museu e Novidades[1]

Guilherme Guimarães Feliciano[2]

Oscar Krost[3]

> *"Em vez do fim do trabalho na era digital, estamos vivenciando o crescimento exponencial do novo proletário de serviços, uma variante global do que se pode denominar escravidão digital. Em pleno século XXI."*
>
> Ricardo Antunes[4]

Introdução

O Brasil ainda experimenta, no segundo semestre de 2022, os efeitos agressivos da pandemia decorrente da disseminação do Sars-Cov-2, vírus causador da Covid-19,

(1) Texto elaborado a partir das falas dos autores apresentadas no 1º Módulo de 2022 da Escola Judicial do Tribunal Regional do Trabalho da 12ª Região (SC), *Direito e Processo do trabalho: fundamentos e perspectivas — pés no chão e olhos no horizonte.* Relatório final do Grupo de Altos Estudos do Trabalho (GAET) — fundamentos, críticas e perspectivas, no dia 07.04.2022. Subtítulo inspirado em refrão de "O tempo não pára" (Cazuza).

(2) Professor Associado II do Departamento de Direito do Trabalho e da Seguridade Social da Faculdade de Direito da Universidade de São Paulo. Presidente da Associação Nacional dos Magistrados da Justiça do Trabalho – ANAMATRA (gestão 2017-2019). Juiz Titular da 1ª Vara do Trabalho de Taubaté/SP (15ª Região).

(3) Professor. Mestre em Desenvolvimento Regional (PPGDR/FURB). Diplomado em Nível Superior em *Relaciones de Trabajo y Sindicalismo (*FLACSO/Argentina). Membro do Instituto de Pesquisas e Estudos Avançados da Magistratura e do Ministério Público do Trabalho (IPEATRA). Integrante do Núcleo de Pesquisas o Trabalho além do Direito do Trabalho (NTADT-USP/Coordenado pelo Professor Guilherme Guimarães Feliciano). Autor do blog <https://direitodotrabalhocritico.com/>. Juiz Titular da Vara do Trabalho de São Miguel do Oeste/SC (12ª Região).

(4) ANTUNES, Ricardo. *O privilégio da servidão:* o novo proletariado de serviços na era digital. 2. ed. São Paulo: Boitempo, 2020, p. 32.

iniciada há mais de 02 anos, e que vitimou milhões de vidas em todo o planeta. A crise econômica, anterior à demanda sanitária, assola todas as partes do globo de maneira assimétrica, sendo mais sentida em países de economia periférica, no hemisfério sul.

Como todo fenômeno complexo, múltiplos são os fatores responsáveis pelos nefastos efeitos sofridos pelos Mercados em todas as atividades e esferas. Inadvertidamente, os Direito Sociais, com ênfase ao insustentável "custo" da mão de obra e os direitos dos trabalhadores seguem na pauta como vilões a ameaçar à almejada competitividade empresarial, sem a qual não há empregos.

Há décadas presenciamos a um verdadeiro desmanche do sistema protetivo laboral, sendo a tônica no embate entre capital e trabalho. Data da década de 60 a primeira lei sobre o FGTS (Lei n. 5.107/1966), sucedida de um sem número de medidas flexibilizadoras/desregulamentadoras, com destaque às recentes Reforma Trabalhista de 2017 e Legislação Emergencial de 2020/2022.

Sob o entendimento de estar a solução a todos os males na "desburocratização", "modernização" e "atualização" do Direito do Trabalho, assim como na ampliação da segurança jurídica e no dinamismo das trocas a Secretaria Especial e Previdência e Trabalho do Ministério da Economia (antigo Ministério do Trabalho e Emprego) instituiu o Grupo de Altos Estudos do Trabalho (GAET).(5) Esta comissão de notáveis, após meses de pesquisas e debates, apresentou um relatório com sugestões de mudanças das regras laborais, em níveis constitucional e legal, merecendo destaque o tratamento dispensado às regras sobre limitação de tempo de atuação/disponibilidade e de teletrabalho, objeto do presente estudo.

Alinhados com as melhores intenções do coletivo em questão, propomos trazer elementos ao amadurecimento das reflexões existentes, contribuindo para o êxito de iniciativas tão importantes e decisivas para o futuro do país.

1. Limites à duração do trabalho. Centralidade para o Direito do Trabalho

Sobre a jornada propriamente dita, recorda-se ter sua limitação representado uma das maiores conquistas históricas da classe trabalhadora, bandeira erguida durante todo o século XIX. Luta esta que pode ser sintetizada na máxima "*8 horas de trabalho, 8 de repouso e 8 de educação*" nascida durante uma greve em Chicago.(6)

(5) Informações obtidas em: <https://www.gov.br/trabalho-e-previdencia/pt-br/acesso-a-informacao/participacao-social/conselhos-e-orgaos-colegiados/conselho-nacional-do-trabalho/comissoes-e-grupos-de-trabalho/grupo-de-altos-estudos-do-trabalho-gaet>, em que também encontram-se a Portaria instituidora do GAET e seu relatório. Acesso em: 06 abr. 2022.

(6) A meta dos manifestantes não foi alcançada, tendo por resultado dezenas de mortes, sendo os líderes do levante condenados à forca ou à prisão. Em 1892 o julgamento foi anulado e absolvidos todos os envolvidos.

O objetivo da fixação de um patamar máximo de trabalho traz em si diversos aspectos, em parte relacionados à consideração de seu prestador como um ser humano, complexo e dotado de dignidade, em oposição à máquina, na busca da preservação de seu bem-estar físico e mental e, também, daqueles com que se relaciona.

Eis o cerne da divergência entre aqueles que defendem a jornada como *direito* e quem considera tratar-se de elemento "acidental" do contrato de trabalho: tempo é não apenas vida, mas realização e saúde, aspectos infungíveis e irrestituíveis do ser humano, cuja violação ameaça a existência, dignidade e realização pessoal.(7)

Não por outro motivo a saúde foi erigida a Direito Social de todos e a dever do Estado, garantida por políticas públicas, nos termos dos arts. 6º e 196 da Constituição da República. Em pleno século XXI, inexiste um tratamento igualitário entre os trabalhadores subordinados, oscilando o grau de proteção ao seu bem-estar, no tocante à limitação da jornada, de acordo com fatores de índole socioeconômicos.

Em um plano intermediário, comum, se encontram todos os trabalhadores urbanos e rurais, tutelados pela Constituição da República, art. 7º, inciso XIII, que estabelece patamares máximos de 8 horas diárias e de 44 semanais. Num extremo "positivo", alguns profissionais, com módulos inferiores e menos desgastantes, como bancários (CLT, art. 224, *caput*), enquanto que em outro, diametralmente oposto, e por isso "negativo", os que não possuem limitação alguma, ao fundamento de exercerem atividade gerencial, externa incompatível com controle ou em regime de teletrabalho, conforme dispõe o art. 62 da CLT.

Não há como aventar, quer diante do estágio civilizatório alcançado pela sociedade ocidental, quer pelo avanço da tecnologia, por meio da telefonia móvel, da comunicação via satélite e internet, dentre outros, a possibilidade razoável de alguém não possuir limite e controle de seu tempo de serviço, já que neste lapso se encontra à disposição do empregador "*aguardando ou executando ordens*" (CLT, art. 4º).

Apenas em 1920, após o final da Primeira Guerra e a criação da Organização Internacional do Trabalho-OIT, é que a limitação da jornada de 8 horas foi reconhecida em escala mundial, sendo adotada no Brasil tão somente em 1932. (GIL, Rosângela; GIANOTTI, *1º de Maio:* dois séculos de lutas operárias". Rio de Janeiro: Núcleos Piratininga de Comunicação/Cadernos de Formação, 2005. p. 09).

(7) Sobre o tema, SEVERO, Valdete Souto. *Crise de Paradigma no Direito do Trabalho Moderno:* a jornada. Porto Alegre: Sergio Antonio Fabris Editor, 2009; e, ainda, BORGES, Altamiro; LOGUERCIO, Antônia Maria Vieira. *Questões Polêmicas sobre a jornada de trabalho.* Porto Alegre: HS Editora, 2009.

Se examinada a matéria sob o prisma unicamente monetário, ainda assim, inviável conceber a existência de empregados não submetidos a controle de jornada e, por consequência, de limite expresso, alijados do direito à percepção da paga de horas extras, quando prestadas.

Para José Martins Catharino,(8) pode o salário ser aferido com base em três critérios, a saber: por unidade de tempo, por unidade de obra ou de forma mista, sendo o fator tempo preponderante em todos, em especial, no primeiro e no último.

Não se diga ser incompatível o apuro de salário por unidade de obra com a limitação da jornada, ao argumento de que quanto mais produz, mais ganha o trabalhador, sendo seu o interesse de elastecer a jornada.

Primeiro, por contrariar a jurisprudência pacificada pelo TST a respeito, nos termos da Súmula n. 340, em que garantido ao empregado remunerado à base de comissões o direito ao adicional de, no mínimo, 50% pelo trabalho em sobrejornada, ainda que exija a sujeição a controle de horário.

Segundo, por estimular o empregador a manter baixo o valor utilizado como base de cálculo do salário por unidade, de modo a exigir mais trabalho para a obtenção de um montante razoável ao sustento, ampliando, com isso, a exploração e a margem de lucro, a custo da violação do tempo humano e de sua dignidade.

Diante da centralidade das regras de limitação do tempo de trabalho para a vida de quem vive da alienação de sua força produtiva, em termos individuais e sociais, mostra-se necessária a ampliação do debate sobre as propostas apresentadas no relatório do Grupo de Altos Estudos do Trabalho (GAET) no particular, inclusive alcançando o regime de teletrabalho.

2. Grupo de Altos Estudos do Trabalho. Relatório. Jornada. Teletrabalho

Na convicção de que a solução a todos os males está na "desburocratização", "modernização" e "atualização" do Direito do Trabalho, visando maior segurança jurídica e dinamismo das trocas foi instituído no âmbito da Secretaria Especial e Previdência e Trabalho do Ministério da Economia (antigo Ministério do Trabalho e Emprego) o Grupo de Altos Estudos do Trabalho (GAET), conforme Portaria n. 1.001/2019. O coletivo anuncia como finalidade *"avaliar o mercado de trabalho brasileiro sob a ótica da*

(8) CATHARINO, José Martins. *Tratado Jurídico do Salário*. São Paulo: LTr, 1994. p. 151-6.

modernização das relações trabalhistas e matérias correlatas, bem como para propor discussões e diagnósticos sobre quatro eixos: economia e trabalho; direito do trabalho e segurança jurídica; trabalho e previdência e liberdade sindical".[9]

Sua composição conta com membros da Justiça do Trabalho em todas as instâncias, assim como do Ministério Público do Trabalho, da academia, da advocacia e do segmento econômico. No decurso dos respectivos trabalhos, foram realizadas reuniões com representantes de empregados e de empregadores no Estado de São Paulo, inclusive centrais sindicais, federações e confederações.

De acordo com o relatório final apresentado pelo Grupo de Altos Estudos do Trabalho, o avanço da economia brasileira tende a ocorrer se concretizadas mudanças constitucionais e legais, pelo aprofundamento das alterações promovidas pela Reforma deflagrada pela Lei n. 13.467/2017. Os trabalhos tiveram inspiração na doutrina social cristã e no fim da luta de classes, sendo o excesso de intervencionismo do Poder Público nas relações trabalhistas mencionado como um problema-chave.[10]

Com base na doutrina dos precedentes, originária do Direito anglo-saxão, mostra-se pertinente, por analogia, lançar mão de duas figuras a ela caras e de grande valia à presente análise: *ratio decidendi* e *obiter dictum.*[11] Os fundamentos e as premissas do GEAT são explícitos, mas o não dito com todas as letras permite entender como fins e meios exigem melhor exame.

As "razões de decidir" do grupo especial são coerentes com os valores por ele expostos. Contudo, a realidade e a experiência demonstram, sem maiores esforços, que emprego é fruto da produção que decorre do consumo que vem dos ganhos do trabalho que em última análise vem do emprego! Mais salários, mais consumo, mais produção e, por consequência, menos desemprego.

---

(9) Informações obtidas em <https://www.gov.br/trabalho-e-previdencia/pt-br/acesso-a-informacao/participacao-social/conselhos-e-orgaos-colegiados/conselho-nacional-do-trabalho/comissoes-e-grupos-de-trabalho/grupo-de-altos-estudos-do-trabalho-gaet>, em que também encontram-se a Portaria instituidora do GAET e seu relatório. Acesso em: 06 abr. 2022.

(10) Relatório final (p. 53), disponível em <https://www.gov.br/trabalho-e-previdencia/pt-br/acesso-a-informacao/participacao-social/conselhos-e-orgaos-colegiados/conselho-nacional-do-trabalho/comissoes-e-grupos-de-trabalho/grupo-de-altos-estudos-do-trabalho-gaet/relatorio-do-gaet.pdf>. Acesso em: 06 abr. 2022.

(11) Segundo César Zucatti Pritsch, *ratio decidendi* ("razão de decidir") é o conceito mais importante da doutrina dos precedentes e corresponde aos fundamentos de uma decisão e que vinculariam as futuras sobre o mesmo tema, enquanto que *obiter dictum* ("dito para morrer") seriam os argumentos não vinculativos do julgado. (PRITSCH, César Zucatti. *Manual de prática dos precedentes no processo civil e do trabalho:* atualizado conforme o CPC 2015 e a reforma trabalhista. São Paulo: LTR, 2018. p. 90-1)

Neste sentido, entende Vitor Araújo Filgueiras:

> (...) a dinâmica da ocupação é multicausal e relacionada a uma série de outras políticas (fiscal, monetária, industrial, câmbio, comercial etc.). (...) Por isso, reforma que 'flexibiliza' nunca é a única opção, nem medida suficiente para criação de empregos (...) reduzir direitos é uma escolha política sobre o que se quer das condições de vida e de trabalho para a população. A regulação do direito do trabalho é essencialmente valorativa, depende do tipo de sociedade que queremos promover.(12)

Fragilizar vínculos produtivos, "pejotizar", "terceirizar" e "uberizar" reduzem ganhos do trabalho e o consumo daí decorrente. Aumenta a exploração por quem detém o capital, material ou imaterial, neste caso, inclusive algoritmos, sedimentando a concentração de renda e aprofundando as desigualdades sociais.

A análise das propostas apresentadas pelo GAET sobre a legislação vigente e suas mudanças, como pressuposto à melhoria dos quadros de desemprego e renda, impõe entender o que temos, o que queremos e, principalmente, o que sabemos, de antemão, não ser eficaz para um ou outro fim.

Dentre as mudanças propostas no relatório final do GEAT, atinentes à jornada, destaquem-se os seguintes:

> **(a) tempo em cursos ou treinamentos:** mesmo remotos e oferecidos pelo empregador, fora do expediente não configuraria sobrejornada/tempo à disposição, exceto se obrigatório ao exercício profissional (art. 58, § 3º, da CLT).

A dúvida em relação à tese diz respeito à colisão direta ao disposto no art. 4º da própria CLT, ferindo sua sistematicidade. Segundo o *caput* do artigo, "*considera-se como de serviço efetivo o período em que o empregado esteja à disposição do empregador, aguardando ou executando ordens*". Cursos de aperfeiçoamento, técnicos ou não, conduzem, inevitavelmente, à melhoria dos saberes e dos fazeres de trabalhadoras e trabalhadores, beneficiando o empregador.

Por que, então, apenas um dos contratantes deveria abrir mão do tempo de vida se os ganhos são comuns?

---

(12) FILGUEIRAS, Vitor Araújo. *"É tudo novo", de novo:* as narrativas sobre grandes mudanças no mundo do trabalho como ferramenta do capital. 1. ed. São Paulo: Boitempo, 2021. p. 165.

(b) definição de trabalho em turno ininterrupto de revezamento: empregador que atue sem interrupção e promova revezamento de horários diurnos e noturnos pelo empregado em períodos inferiores a 3 meses (art. 58-B da CLT).

A jornada reduzida assegurada pelo constituinte a quem atue em modalidade gravosa à saúde, em revezamento, busca compensar e preservar o bem-estar, sabendo-se dos prejuízos inevitáveis causados ao relógio biológico do sujeito. Não importa, desta forma, se a empresa atua de modo ininterrupto ou se as trocas diurnas/noturnas tem periodicidade inferior a 3 meses, apenas que a pessoa se veja obrigada, por prática de interesse e ganho do patrão a mudar suas rotinas e compromissos de tempos em tempos. Cabe a quem empreende a atividade econômica a assunção de todos os riscos do negócio (art. 2º da CLT).

(c) supressão de horas extras: não garante direito à indenização (art. 58-C da CLT).

A proposta, de modo intencional ou não, deixa de mencionar o aspecto "habitualidade" essencial à caracterização das "horas extras" como indenizáveis, na hipótese de cessação do pagamento. Este foi o entendimento consagrado há anos pela Súmula n. 291 do TST.

Segundo o Grupo de Altos Estudos do Trabalho, parece plausível estender à desvinculação do dever de indenizar à supressão da paga de qualquer prorrogação. Mudança de entendimento sempre é possível em se tratando de Direito, mas para isso, essencial que sejam trazidos argumentos razoáveis e suficientes a desconstituir as premissas anteriores, o que não ocorreu no caso.

(d) prorrogação de jornada em atividade insalubre: chancelada a pactuação de ajuste pela via individual ou coletiva, desde que o empregador disponha de Programa Preventivo de Riscos Ambientais (PPRA) ou, se for o caso, Programa de Controle Médico de Saúde Ocupacional (PCMSO), nos termos da legislação vigente (art. 60 da CLT).

Com efeito, a matéria em questão possui relação direta com a saúde dos trabalhadores, não podendo ser objeto de pauta a negociação, sequer coletiva. Tanto o PPRA, quanto o PCMSO, são documentos unilaterais, elaborados a pedido e por pagamento do empregador, sem a participação de sindicatos ou representantes dos trabalhadores ou do Estado.

(e) prorrogação horária por força maior: assegurada a remuneração da hora normal e, nos demais casos, o acréscimo do adicional de 50% até o limite de 12h diárias, salvo outro patamar estabelecido em lei (art. 61, § 2º, da CLT).

Prorrogação por interesse e ordem patronais, tornando devido o adicional constitucional, salvo hipótese de regime compensatório ou banco de horas. Limite de 12h altamente questionável, por saber-se que jornadas elastecidas aumentam o desgaste/sofrimento no trabalho, o índice de adoecimento e o volume de acidentes. A falta de menção a ser devido outro percentual acaso superior ao legal vai contra a técnica adotada pelo constituinte, deixando transparecer a ruptura com os valores e ideias que inspiraram a redação do art. 7º da Lei Maior.

(f) gerentes fora da aplicação do capítulo "da duração da jornada": quando receberem gratificação inferior a 40% sobre o salário-base, os gerentes fariam jus à diferença, mas não ao recebimento das horas extras acaso realizadas (art. 62, § 1º, da CLT). Não descaracterizaria a natureza do cargo eventual a subordinação à presidência, superintendência ou direção regional (art. 62, § 2º, da CLT).

Desatendidos os requisitos do artigo, por consequência, dever-se-ia aplicar a regra geral, mais benéfica ao trabalhador. O Princípio da Proteção, acaso aprovada a proposta, é invertido, passando a tutelar o empregador, trazendo ao debate para que serve o Direito do Trabalho e quais seus fundamentos históricos, inclusive se o trabalho é ou não mercadoria.

(g) intervalo mínimo entrejornadas: inobservância de 11h acarretaria exclusivamente o pagamento de multa administrativa (art. 66 da CLT).

A sugestão desconsidera o prejuízo ao direito à desconexão do trabalhador, bem como ao repouso para recuperação da higidez física e mental. Em sentido contrário às disposições internacionais e constitucionais de preservação do bem-estar do ser humano, fomenta a prática nefasta e contraproducente de prorrogação horária, causadora, inclusive, da redução de novos postos.

Além disso, a posição indicada vai de encontro ao entendimento histórico da Súmula n. 110 do TST que embora criado a partir de situações envolvendo regimes de revezamento, acabou aplicado de modo geral, assegurando o direito ao recebimento de horas extras acaso inobservado o intervalo mínimo entrejornadas.

> **(h) descanso semanal:** garante o descanso por 24h consecutivas, sem vedar o trabalho em domingos e assegura uma folga neste dia a cada 07 semanas (art. 67, *caput* e § 1º, da CLT). Caberia o revezamento em serviços que devam ser prestados aos domingos, exceto elencos teatrais (art. 67, § 2º, da CLT).

A redação do texto elide o adjetivo "remunerado" do descanso, causando o esvaziamento do sentido de representar salário sem trabalho, em execução reduzida do contrato. Inegável ser o domingo o dia historicamente destinado ao encontro familiar, tendo em vista que crianças não vão às aulas nestes dias e aos sábados, desfrutando, pela Constituição da República, de absoluta prioridade em termos de proteção pela família, pelo Estado e toda a sociedade (art. 227).

A periodicidade proposta afasta-se em demasia dos usos e costumes sobre o tema, pelos quais deve haver folga em 01 a 02 domingos por mês. Para além da questão monetária, está-se diante de ameaça ao mínimo existencial dos sujeitos.

> **(i) trabalho em domingos:** deve ser autorizado por acordo individual escrito ou negociação coletiva (art. 68 da CLT) e remunerado em dobro, salvo se o empregador determinar outro dia de folga compensatória (art. 70 da CLT).

Acordo individual trata-se de um eufemismo, na medida em que o ajuste pela via coletiva se mostra questionável, nesta matéria, diante do marco constitucional estabelecido pelo art. 7º, inciso XIII, autorizando a flexibilização do módulo semanal apenas na hipótese de adoção de regime compensatório. Folga compensatória não deve afastar o direito à paga em dobro pelo trabalho em domingos, na medida em que há perdas de diversas ordens ao trabalhador.

> **(j) intervalos em jornadas não superiores a 06h:** mesmo quando prorrogada além de 6 ao dia, assegura somente o direito a 15min de intervalo (art. 71, § 1º, da CLT), dando margem à redução do intervalo de 1h em até 30min por acordo individual escrito, caso o estabelecimento mantenha refeitórios e não exija a realização de horas extras (art. 71, § 3º, da CLT).

O tempo de trabalho sempre serviu de parâmetro para o respectivo tempo de descanso, por um juízo de proporcionalidade. Quanto mais desgaste, mais recuperação.

Havendo prorrogação do expediente, deve haver aumento do tempo de intervalo, se prestando, entendimento em contrário, ao estímulo do desgaste, adoecimento e acidentes.

(k) serviços com permanentes movimentos repetitivos: assegurado o direito a 2 intervalos de 10min, cada, não deduzidos da jornada, sendo um após 2h e outro, 2h antes do fim da jornada (art. 72 da CLT).

O conceito trazido pelo Grupo é complexo e restritivo, além de muito menos protetivo do que o teor anterior, assecuratório de 10min de pausa a cada 90min de serviço (art. 72 da CLT). Ignora as nuances da NR-17, notadamente quanto à adaptação das medidas de proteção não apenas na perspectiva da *qualidade* (ou "modo operatório"; no caso, o modo repetitivo) e do *tempo* do trabalho, mas também do seu *ritmo/intensidade*, dos *instrumentos e meios técnicos disponíveis* e dos *aspectos cognitivos* que possam comprometer a segurança e a saúde do trabalhador (item 17.4.1). Novamente, a saúde é rebaixada a mero aspecto da produção e menosprezado seu papel de Direito Social.

(l) trabalho noturno urbano e rural: reconhece o direito ao recebimento do adicional mínimo de 25% sobre o valor da hora diurna, assim entendida como sendo a prestada entre 21h e 05h.

Acaso levada a efeito, a sugestão acabaria com a redução da hora noturna do urbano, demonstrando a opção por pagar pela saúde do sujeito, ao invés de preservá-la. A monetização da vida granjeando espaço dispositivo a dispositivo, mudança por mudança.

Não é de hoje que uma visão economicista da jornada enquanto instituto laboral se apresenta ao Direito do Trabalho. Lembre-se o teor do art. 59 da CLT, anterior à Constituição da República vigente, pelo qual *"a duração normal do trabalho poderá ser acrescida de horas suplementares, em número não excedente de 2 (duas), mediante acordo escrito entre empregador e empregado, ou mediante contrato coletivo de trabalho"*.

A prorrogação poderia levar a 10 horas diárias de trabalho, previamente ajustada, individual ou coletivamente, gerando a remuneração. Tratava-se de medida excepcional e de alcance limitado no curso da relação.

Mas o extraordinário se "ordinarizou" a ponto da jurisprudência do Tribunal Superior do Trabalho (TST) criar a figura das "horas extras habituais", cuja supressão seria válida por ato unilateral do empregador, mediante o pagamento de uma indenização ao trabalhador. O direito à limitação do tempo de serviço sofreu uma mutação em um patamar que seu reconhecimento gera direito à reparação, nos termos da Súmula n. 291.

Nesta trilha, passaram a ser reconhecidas como válidas práticas como a do banco de horas (Lei n. 9.601/1998) e do regime compensatório em atividade insalubre pela via coletiva (Súmula n. 349 do TST), até chegarmos à Reforma de 2017 e aos arts. 611-A e B, pelos quais a irrenunciabilidade e a cogência das regras atinentes à jornada passaram a pontos parcialmente superados.

Sobre o teletrabalho, o GAET aparentemente interpretou relativamente bem o fenômeno, na perspectiva dos fatos (exceto, talvez, quanto a alguns "pontos positivos" identificados, como a "liberdade de jornada e horário" — na verdade, o teletrabalho tem revelado contextos de *exasperação indefinida de jornada*, não propriamente de "liberdade" — e a "vida familiar mais livre"). Leia-se:

> "Há aspectos positivos no teletrabalho em geral para o trabalhador e o tomador: a) liberdade de jornada e horário; b) menor deslocamento físico; c) ganhos ambientais pela menor utilização da estrutura viária; d) flexibilidade e adaptação do trabalho ao ritmo do trabalhador; e) vida familiar mais livre; f) redução de custo com instalações; g) aumento de produtividade; h) trabalho em tempo real sem limites geográficos; i) inclusão de pessoas com limitações (filhos, doentes, gestantes e mulheres pós-parto, deficientes físicos e idosos). (...) Mas há pontos negativos: a) maior isolamento profissional e pessoal no trabalho; b) hiperindividualismo para sobrevivência na selva das plataformas; c) dificuldade de ação sindical (embora haja exemplos recentes, em áreas mais desenvolvidas do Brasil, de assembleias com elevadíssimo número de participantes virtuais, muito superior às reuniões presenciais); d) promiscuidade entre trabalho e família; e) menor proteção dos segredos do negócio; f) novas doenças do trabalho; g) custo maior para o trabalhador. (...) O que antes parecia ficção científica se tornou tão real que está, literalmente, na palma de nossas mãos. Como consequência, a subordinação jurídica em regra desaparece, se transfigura e se subverte. A ordem do chefe é substituída pela ordem tecnológica, com diluição do choque hierárquico típico da gestão patronal. Tal constatação desnorteia a ideia de hierarquia, lugar e jornada de trabalho. Tornou-se obsoleta a concepção do estabelecimento como unidade técnica onde se reúnem pessoas em certos horários e sob estrutura hierarquizada, de rigidez militar. O trabalho pode ser executado sem concentração dos processos produtivos, sem horários, sem subordinação e sem local específico."

Mas, na perspectiva da norma, não engendrou as melhores soluções. Assim, *e.g.*, a despeito da clareza do art. 6º da CLT, com a redação dada pela Lei n. 12.511/2011, consagrando a igualdade de tratamento entre quem trabalha dentro das dependências do empregador e quem atua fora, usando a tecnologia (= interface telemática), o art. 62, inciso III, da CLT, acrescido pela Reforma de 2017, levou a modalidade não ao limbo, mas ao purgatório.

Em termos práticos, a inserção de algum grupo de empregados no rol do referido art. 62 deveria significar a não aplicação do capítulo da própria CLT atinente à jornada, por uma leitura literal e tópica. Mas como justificar que a inaplicabilidade de um decreto-lei afetaria os mandamentos constitucionais, pois não apenas a limitação de horário dia a dia, mas semanal e anual têm assento na Lei Maior?

A leitura de remanescer alguma atividade humana que pelo nível de fidúcia ou local em que realizada não possa ou deva ser mensurada, no seio da relação de emprego, diante do estágio atual de GPS, *smartphones* e outros equipamentos não subsiste a qualquer exame.

Tanto é assim, que o Ministro Luiz Edson Fachin, vencido quanto à matéria, nos autos da Medida Cautelar na **Ação Direta de Inconstitucionalidade n. 6.342/DF**, em que questionados diversos artigos da **Medida Provisória n. 927/2020**, manifestou-se:

> "Importante registrar que o art. 7º, XIII, da CRFB estabelece que é direito do trabalhador a 'duração do trabalho normal não superior a oito horas diárias e quarenta e quatro semanais, facultada a compensação de horários e a redução da jornada, mediante acordo ou convenção coletiva de trabalho.'
>
> Diante da norma constitucional supracitada, verifica-se que o art. 4º, § 5º, da Medida Provisória n. 927/2020, ao estipular que 'o tempo de uso de aplicativos e programas de comunicação fora da jornada de trabalho normal do empregado não constitui tempo à disposição, regime de prontidão ou de sobreaviso, exceto se houver previsão em acordo individual ou coletivo', torna possível a disponibilidade ilimitada do empregado ao empregador, constituindo ausência total de limites de sobrejornada de trabalho, no regime de teletrabalho, o que é flagrantemente incompatível com o estabelecido no art. 7º, XIII, da CRFB.
>
> Aqui, entretanto, é importante registrar que o tempo de uso de aplicativos e programas de comunicação **no interesse exclusivo do trabalho** deve submeter-se às regras constitucionalmente estabelecidas para a jornada e sobrejornada de trabalho, sob pena de afronta direta ao que reconhecido como direito fundamental do trabalhador brasileiro, nesse particular.
>
> Assentada esta condição, mais uma vez **pedindo escusas ao e. Ministro relator**, voto pelo **acolhimento do pedido cautelar**, neste particular, suspendendo a eficácia do art. 4º, § 5º, da Medida Provisória n. 927/2020, por afronta ao art. 7º, XIII, da CRFB." (grifos do original)(13)

---

(13) Íntegra do voto do Ministro Luiz Edson Fachin, disponível em: <https://www.conjur.com.br/dl/stf-fachin-adis-referendo-mp-927.pdf >. Acesso em: 06 abr. 2022.

Buscando o diálogo das fontes do Direito do Trabalho, na forma prescrita no art. 8º da CLT, temos o Direito Comparado e seus exemplos. Exemplos estes não aleatórios, mas muito familiares à realidade nacional e a seu sistema normativo, como Portugal,[14] Argentina,[15] Espanha[16] e, mais recentemente, Uruguai.[17]

Eis que a Medida Provisória n. 1.108, de 25 março de 2022, atentando não apenas aos fatos, mas aos movimentos da doutrina, da jurisprudência e do Poder Legislativo,[18] reconheceu, em parte, a necessária alteração do art. 62, inciso III, da CLT, para acrescentar ao sujeito "empregados em regime de teletrabalho", a particularidade "que prestam serviço por produção ou tarefa". Já o relatório do GAET propôs inserir após o teletrabalho a cláusula de exceção "desde que não submetidos a controle e fiscalização". Melhor, talvez, fosse mesmo a proposta do GAET, porque nada justifica que o trabalhador por produção ou tarefa não tenha assegurado o seu direito constitucional à desconexão ou o seu direito às horas extraordinárias com adicional mínimo de 50%; aliás, nesse sentido, a já referida Súmula n. 340 do C. TST. Ademais, o critério de apuro de remuneração não interfere na humanidade do sujeito subordinado e, por consequência, em seu direito ao não trabalho, à desconexão[19] ou outro termo com significado similar. Diz respeito apenas a como será apurado o vencimento. Na verdade, o Governo Federal praticou uma desastrosa atecnia ao subordinar o direito às horas extras ao modo de remuneração do teletrabalhador (ou do trabalhador remoto).

Ademais, a limitação, queira ou não o legislador (CLT, art. 611-B, par. único), o controle e a fixação de patamares de jornada são medi das de higiene, segurança e segurança do trabalho, atinentes ao conceito gestáltico de *meio ambiente de trabalho*,[20] cabendo a quem assume os riscos do negócio desenvolver, ativar e sustentar meios

---

(14) KROST, Oscar. Teletrabalho: uma experiência do Direito Comparado entre Brasil e Portugal, painel apresentado no *Seminário Virtual Internacional:* Projetos e Impactos tecnológicos sobre o Direito do Trabalho, promovido pela Escola da Associação Nacional dos Procuradores do Trabalho, em 10 de novembro de 2020, disponível em <https://www.youtube.com/watch?v=8gerSV5RctQ&gt>, a partir de 05h44min30seg. Acesso em: 06 abr. 2022.

(15) KROST, Oscar. *Teletrabalho na Argentina e no Brasil:* tão perto, mas tão longe, disponível em: <https://direitodotrabalhocritico.wordpress.com/2020/08/28/teletrabalho-na-argentina-e-no-brasil-tao-perto-mas-tao-longe/>. Acesso em: 06 abr. 2022.

(16) KROST, Oscar; TRINDADE, Rodrigo. *Teletrabalho na Espanha:* redescobrindo a América, disponível em: <https://direitodotrabalhocritico.com/2021/07/27/teletrabalho-na-espanha-redescobrindo-a-america/&gt>. Acesso em: 06 abr. 2022.

(17) KROST, Oscar. *Análise da regulação do teletrabalho na Argentina, Brasil e Uruguai.* No prelo.

(18) Neste sentido, o Projeto de Lei n. 5.581/20, de autoria do Dep. Rodrigo Agostinho, disponível em: <https://www.camara.leg.br/proposicoesWeb/prop_mostrarintegra;jsessionid=node0z7r4xfv4vtye16osc6gi6zg5s1498879.node0?codteor=1953710&filename=PL+5581/2020>. Acesso em: 06 abr. 2022.

(19) Sobre o tema GOLDSCHMIDT, Rodrigo; GRAMINHO, Vivian Maria Caxambu. *Desconexão:* um Direito Fundamental do trabalhador. São Paulo: Lumen Juris, 2020.

(20) V. por todos, FELICIANO, Guilherme Guimarães. *Responsabilidade civil no meio ambiente do trabalho:* nexo causal, nexo normativo e teoria da imputação objetiva. São Paulo: Thomson Reuters/Revista dos Tribunais, 2021. passim.

bastantes para provê-los e respeitá-los. Como referido em outra oportunidade, "*as empresas **Pontonow** e **Pontomais** são apenas dois exemplos que oferecem opções para registro de horário de teletrabalhadores, por telefone fixo/móvel, smartphone ou computador, viabilizando, inclusive, o acompanhamento em tempo real pelos patrões, conforme anunciado em inúmeros sites, a exemplo de: <https://www.pontonow.com.br/> e <https://www.pontomais.com.br/>*".(21)

A preservação da higidez física e mental humana não pode ficar à mercê de ato de vontade do empregador. É Direito Fundamental e irrenunciável de trabalhadoras e trabalhadores, corolário dos valores sociais do trabalho e da livre iniciativa e da dignidade da pessoa humana. Não se esqueça, ainda, o princípio do não retrocesso social (art. 26 do Pacto de San José da Costa Rica) e a proibição de distinção entre trabalhos manual, técnico e intelectual ou entre os profissionais respectivos, ambos de *status* constitucional.(22)

Além disso, entendemos não haver um "teletrabalho" como categoria jurídica a justificar tratamento diferenciado e menos protetivo a quem vive do trabalho. Pode-se aventar um trabalho prestado à distância, com uso de tecnologia, cujo resultado objetivo é enviado por meios telemáticos até o destinatário final, empregador ou quem por ele for indicado. Inexiste fática e materialmente distinção entre o serviço realizado dentro e fora da empresa. Portanto, tele é a transmissão do serviço, que pode ser feito por meio físico, através de um arquivo de CD, DVD ou *pendrive*.(23) Por isso mesmo, pela irretorquível violação à isonomia constitucional (CRFB, art. 5º, *caput*) e também aos direitos sociais mínimos da limitação de jornada e da remuneração das horas extras (CRFB, art. 7º, XIII e XVI), *tanto era inconstitucional* a restrição ampla do art. 62, III, da CLT, na redação da Lei n. 13.467/2017 — *i.e.*, em relação a *qualquer* teletrabalhador —, como a restrição circunscrita do atual art. 62, III, da CLT, na redação da MP n. 1.108/2022, agora em relação aos teletrabalhadores remunerados por tarefa ou produção. E, para mais, é igualmente imprópria — e inconstitucional — a surreal equiparação, para efeitos restritivos, entre o teletrabalhador e o "trabalhador remoto", se se entender o último como o trabalhador à distância que não executa tarefas por intermédio de necessária interface telemática.

---

(21) KROST, Oscar. Teletrabalho, Covid-19 e Medida Provisória n. 927/20: reduzindo distâncias entre meios e fins". In: MOLINA, André Araújo; COLNAGO, Lorena de Mello Rezende; MARANHÃO, Ney. (Coords.). *Anais do 1º Ciclo de Palestras do grupo eletrônico "Ágora Trabalhista":* Direito e Processo do Trabalho no ano de 2020. São Paulo: OAB/SP ESA, 2020, posição 1.862-2.205/16.086 (*e-book*). Nota de rodapé n. 20.

(22) A respeito da discriminação entre trabalhos, ver KROST, Oscar. Proibição de distinção entre trabalhos manual, técnico e intelectual ou entre os profissionais respectivos, Reforma Trabalhista e 'teletrabalho': diferenciando iguais para reduzir direitos". In: ARAUJO, Adriane Reis de; D'AMBROSO, Marcelo José Ferlin. (Coords.). *Democracia e Neoliberalismo:* o legado da Constituição de 1988 em tempos de crise. Salvador: JusPodivm, 2018. p. 331-360.

(23) KROST, Oscar. *"Teletrabalho":* a verdade que esqueceu de acontecer. Disponível em: <https://direitodotrabalhocritico.com/2022/03/21/teletrabalho-a-verdade-que-esqueceu-de-acontecer/>. Acesso em: 06 abr. 2022.

Com efeito, dirão os entusiastas da MP n. 1.108/2022 que, não tendo a lei palavras inúteis (*"verba cum effectum sunt accipienda"*), agora até mesmo as velhas práticas do *"sweat system"* estariam autorizadas, sem a remuneração das horas extras. Assim, *e.g.*, um(a) costureiro(a) que prestasse serviços a domicílio (*"home office"*?), mantendo contatos esporádicos com o empregador por intermédio do telefone (e, logo, sem qualquer interface telemática típica), produzindo peças e mais peças para seu contratante e recebendo por produção, *já não teria direito a horas extras,* mercê da MP n. 1.108/2022... A quem em algum momento pretenda eriçar essa bandeira, diga-se desde logo: *não poderia haver tese mais iníqua,* violando a mais não poder a integridade psicofísica do trabalhador e a sua própria dignidade pessoal.

O caminho virtuoso quiçá pudesse encontrar rumos na legislação portuguesa. O Código do Trabalho (Lei n. 7/2009) português, com efeito, prevê que **(a)** o teletrabalho deve ter necessárias *condicionalidades* (cláusula expressa; identificação formal das funções a desempenhar e do superior hierárquico; distribuição das responsabilidades pela instalação, manutenção e despesas dos instrumentos de trabalho); **(b)** o teletrabalho deve se sujeitar a um imprescindível *regime de garantias* (direito de retratação e de recondução do trabalhador comum; igualdade de tratamento; garantias especiais de privacidade e de inviolabilidade domiciliar; política própria de saúde, higiene e segurança do trabalho); **(c)** o teletrabalho deve se guiar pela normatividade ínsita ao princípio da isonomia entre todas as modalidades de trabalho, de forma que "[o] *trabalhador em regime de teletrabalho tem os mesmos direitos e deveres dos demais trabalhadores, nomeadamente no que se refere a formação e promoção ou carreira profissionais, limites do período normal de trabalho e outras condições de trabalho, segurança e saúde no trabalho e reparação de danos emergentes de acidente de trabalho ou doença profissional*" (art. 169º, 1); **(d)** o teletrabalho deve ser desenvolvido em condições de ampla e irrestrita *informação/formação,* de modo que, "[n]*o âmbito da formação profissional, o empregador deve proporcionar ao trabalhador, em caso de necessidade, formação adequada sobre a utilização de tecnologias de informação e de comunicação inerentes ao exercício da respectiva actividade*" (art. 169º, 2); e, por fim, **(e)** o teletrabalho não pode ser um fator de *alienação coletiva,* razão pela qual "[o] *empregador deve evitar o isolamento do trabalhador, nomeadamente através de contactos regulares com a empresa e os demais trabalhadores*" (art. 169º, 3). Cabe lembrar, a propósito, que, pela via do art. 8º, *caput,* da CLT, o "direito comparado" (*rectius*: as fontes formais do direito estrangeiro) pode funcionar como *fonte formal subsidiária* do Direito do Trabalho brasileiro.[24]

Eis a boa senda. Não tem sido essa, porém, a nossa vereda. E nem deverá ser, a seguirmos os passos sugeridos pelo Grupo de Altos Estudos do Trabalho.

---

(24) Cfr. FELICIANO, Guilherme Guimarães. *Do pré-contrato de trabalho:* O contrato preliminar de trabalho no iter da contratação laboral: Abordagem comparativa e jusfundamental. São Paulo: LTr, 2010, passim.

Conclusões

A "reforma" da CLT causada pela Lei n. 13.467/2017 teve por fundamento "modernizar" e "desburocratizar" a legislação protetiva. Objetivou, com isto, a ampliação da competitividade das empresas e de seu poder de investimento, gerando empregos.

O que se viu foi exatamente o contrário, com aumento da informalidade e da precarização, com queda do poder de compra dos salários. Considerando necessária a continuação deste processo, a Secretaria Especial e Previdência e Trabalho do Ministério da Economia criou o Grupo de Altos Estudos do Trabalho (GAET), visando estabelecer pontos da legislação trabalhista merecedores de novas "adequações", atuação da qual foi elaborado um relatório.

O exame das sugestões apresentadas pelo coletivo sobre a normatividade afeta à duração do trabalho e ao teletrabalho dão conta de seguirem o receituário de desproteção, fragilização e menoscabo da limitação horária como medida de preservação da saúde. Apresentam um viés único de que menos tutela à pessoa gera mais riqueza e esta se reverte em atividade produtiva/empregos.

Aos cultores e operadores do Direito, diante deste cenário de desconstrução de mais um alicerce do Estado de Bem-Estar idealizado pelo constituinte originário, cabe decidir entre seguir vivenciando passivamente este fenômeno ou mudar a rota.

Para tanto, essencial o resgate e a compreensão dos princípios do direito do trabalho, verdadeira razão de ser no mundo, ancorados nos controles de constitucionalidade e convencionalidade, inspirados, ainda, nas experiências do Direito Comparado (CLT, art. 8º, *caput*). Sem isto em mente, talvez deixe de existir motivo ou razão para que o Direito mantenha vivo um ramo autônomo para regular e disciplinar o trabalho humano e a dignidade do sujeito que dele tira o sustento. Restará aceitar, sem resistência, a sentença anunciada há alguns anos por Zygmund Bauman: *"O velho limite sagrado entre o horário de trabalho e o tempo pessoal desapareceu. Estamos permanentemente disponíveis, sempre no posto de trabalho"*. De fato, tem sido assim, especialmente no teletrabalho: eis o novo "ser", cujo parto foi antecipado pela pandemia do Sars-Cov-2. Para esse novo ser, qual será o correspectivo "dever ser"?

Com a palavra, o genuíno juslaboralismo.

Referências

ANTUNES, Ricardo. *O privilégio da servidão:* o novo proletariado de serviços na era digital. 2. ed. São Paulo: Boitempo, 2020.

BORGES, Altamiro; LOGUERCIO, Antônia Maria Vieira. *Questões Polêmicas sobre a jornada de trabalho.* Porto Alegre: HS Editora, 2009.

CATHARINO, José Martins. *Tratado Jurídico do Salário.* São Paulo: LTr, 1994.

FELICIANO, Guilherme Guimarães. *Do pré-contrato de trabalho:* O contrato preliminar de trabalho no iter da contratação laboral: Abordagem comparativa e jusfundamental. São Paulo: LTr, 2010.

FELICIANO, Guilherme Guimarães. *Responsabilidade civil no meio ambiente do trabalho:* nexo causal, nexo normativo e teoria da imputação objetiva. São Paulo: Thomson Reuters/Revista dos Tribunais, 2021.

FILGUEIRAS, Vitor Araújo. *"É tudo novo", de novo:* as narrativas sobre grandes mudanças no mundo do trabalho como ferramenta do capital. 1. ed. São Paulo: Boitempo, 2021.

GIL, Rosângela; GIANOTTI. *1º de Maio:* dois séculos de lutas operárias. Rio de Janeiro: Núcleos Piratininga de Comunicação/Cadernos de Formação, 2005.

KROST, Oscar. Teletrabalho: uma experiência do Direito Comparado entre Brasil e Portugal, painel apresentado no *Seminário Virtual Internacional*: Projetos e Impactos tecnológicos sobre o Direito do Trabalho, promovido pela Escola da Associação Nacional dos Procuradores do Trabalho, em 10 de novembro de 2020, disponível em: <https://www.youtube.com/watch?v=-8gerSV5RctQ&gt>, a partir de 05h44min30seg. Acesso em: 06 abr. 2022.

______. *Teletrabalho na Argentina e no Brasil:* tão perto, mas tão longe, disponível em: <https://direitodotrabalhocritico.wordpress.com/2020/08/28/teletrabalho-na-argentina-e-no-brasil-tao-perto-mas-tao-longe/>. Acesso em: 06 abr. 2022.

______. *Análise da regulação do teletrabalho na Argentina, Brasil e Uruguai.* No prelo.

______; TRINDADE, Rodrigo. *Teletrabalho na Espanha:* redescobrindo a América, disponível em: <https://direitodotrabalhocritico.com/2021/07/27/teletrabalho-na-espanha-redescobrindo-a-america/&gt>. Acesso em: 06 abr. 2022.

MINISTÉRIO DO TRABALHO E PREVIDÊNCIA. *Grupo de Altos Estudos do Trabalho.* Disponível em: <https://www.gov.br/trabalho-e-previdencia/pt-br/acesso-a-informacao/participacao-social/conselhos-e-orgaos-colegiados/conselho-nacional-do-trabalho/comissoes-e-grupos-de-trabalho/grupo-de-altos-estudos-do-trabalho-gaet>. Acesso em: 31 maio 2022.

PRITSCH, César Zucatti. *Manual de prática dos precedentes no processo civil e do trabalho:* atualizado conforme o CPC 2015 e a reforma trabalhista. São Paulo: LTr, 2018.

SEVERO, Valdete Souto. *Crise de Paradigma no Direito do Trabalho Moderno:* a jornada. Porto Alegre: Sergio Antonio Fabris Editor, 2009.

A Nova Modalidade de Teletrabalho Emergencial: O *Home Office* da era Covid-19 e seus Principais Desafios Pós-Pandêmicos

Erotilde Ribeiro dos Santos Minharro[1]

Introdução

O objetivo deste artigo é analisar como o trabalho a distância (especificamente o *home office* e o teletrabalho) tem sido aplicado e regulamentado contemporaneamente e qual o impacto que este modo de organização produtiva traz para a vida dos trabalhadores e empregadores. Justifica-se o estudo do tema em razão da disrupção ocorrida no mundo do trabalho a partir do afastamento social decorrente da pandemia da Covid-19 e do uso de novas tecnologias para comandar e fiscalizar o exercício da atividade laborativa, ainda que fora das dependências da empresa.

Como o *home office* e o teletrabalho têm influenciado as novas tendências de gerenciamento empresarial e impactado na saúde do trabalhador? Como o trabalho realizado à distância tem sido fiscalizado? Quais outras modalidades de gerenciamento da produtividade têm surgido a partir da disrupção ocorrida com a pandemia da Covid-19? São estas as indagações que serão respondidas no decorrer da presente pesquisa.

1. Trabalho à distância, trabalho a domicílio, teletrabalho e *home office*

Entende-se que o trabalho a distância é gênero do qual o trabalho a domicílio, o teletrabalho e o *home office* são algumas de suas espécies.

---

(1) Doutora e mestre em Direito do Trabalho e Direito da Seguridade Social pela Faculdade de Direito da Universidade de São Paulo. Professora titular da Faculdade de Direito de São Bernardo do Campo. Juíza do trabalho titular da 2ª Vara do Trabalho de São Caetano do Sul. Pesquisadora do Núcleo de Pesquisa e Extensão "O Trabalho além do Direito do Trabalho", do Departamento de Direito do Trabalho da Faculdade de Direito da Universidade de São Paulo.

O art. 6º, da Consolidação das Leis do Trabalho, normatiza que, para fins de reconhecimento de vínculo empregatício, não se distingue entre o trabalho realizado no estabelecimento do empregador, o executado no domicílio do empregado e o realizado a distância, desde que estejam caracterizados os pressupostos da relação de emprego. Percebe-se, da leitura do artigo em análise, que o trabalho a distância e o trabalho no domicílio do empregado não são locuções sinônimas, pois textos legislativos não podem conter expressões inúteis.

Ao avançar na análise do dispositivo legal acima mencionado, verifica-se no parágrafo único do referido dispositivo, aquilo que Maurício Godinho Delgado chama de subordinação estrutural, e estabelece que para fins de aferição da dependência jurídica entre trabalhador e tomador de serviços, os meios telemáticos e informáticos de comando, controle e supervisão equiparam-se aos meios pessoais de fiscalização do trabalho.

Nas lições de Mauricio Godinho Delgado, o instituto de subordinação jurídica tem passado por adequações ao longo do tempo e desta evolução surgiu o fenômeno da subordinação estrutural, que pode ser definido como o enquadramento do trabalhador na organização e funcionamento das atividades desempenhadas pelo tomador de seus serviços, ainda que este não lhe dê ordens diretas e presenciais.[2]

O trabalho a distância, como gênero, é o trabalho prestado pelo empregado fora das dependências do empregador e que pode ser exercido em qualquer lugar, não necessariamente na casa do empregado. Outra característica importante do trabalho a distância é que ele nem sempre vai exigir o uso de ferramentas tecnológicas de informação e de comunicação para a consecução dos serviços por parte do trabalhador, é o que ocorre, por exemplo, no trabalho a domicílio.

O art. 83, do diploma consolidado, conceitua o trabalho a domicílio como aquele executado na habitação do empregado ou em oficina de família, por conta de empregador que o remunere. Como se vê, pela definição legal, o trabalho a domicílio não exige a presença de tecnologia para sua realização. É o caso das costureiras que pegam serviços nas oficinas de costura para confeccionar as peças sob as diretrizes preestabelecidas do empregador.

No mesmo sentido, estudo do IPEA aponta para a existência do trabalho a domicílio distribuído, por meio do qual empresas de distribuição são contratadas

(2) DELGADO, Mauricio Godinho. *Curso de direito do trabalho:* obra revista e atualizada conforme a lei da reforma trabalhista e inovações normativas e jurisprudenciais posteriores. 18. ed. São Paulo: LTr, 2019. p. 352-353.

pelos fabricantes para arregimentarem pessoas das casas próximas à fábrica, a fim de contratá-las para tarefas manuais, de remuneração reduzida. Este tipo de labor é feito via de regra por mulheres, com possibilidade de ajuda dos demais membros da família (oficina de família).[(3)]

Adriana Calvo destaca que a doutrina vem aceitando, que no caso do trabalho a domicílio, a pessoalidade e a subordinação jurídica sejam mitigadas, sem que este fato descaracterize o vínculo empregatício. Entretanto, faz o alerta de que — via de regra — a ausência de ambos os requisitos tem sido entendido pela jurisprudência como trabalho a domicílio autônomo.[(4)]

O teletrabalho, por sua vez, é o tipo de trabalho a distância que pode ser exercido em qualquer lugar e não necessariamente apenas na casa do trabalhador, cuja execução pelo empregado e supervisão por parte do empregador são feitas mediante o uso da tecnologia de informação e de comunicação. O *home office* é a modalidade de teletrabalho, no qual o serviço é realizado necessariamente no domicílio do empregado. É criada uma estrutura de trabalho no ambiente doméstico do trabalhador, a partir da qual o serviço será realizado com auxílio da tecnologia da informação e da comunicação.

Feitas estas distinções, no próximo item, será analisado como ficaram as regras de teletrabalho após o advento da Lei n. 14.442/2022.

2. Teletrabalho no Brasil após o advento das Lei n. 14.442/2022

A Lei n. 13.467/2017 regulamentou o teletrabalho do art. 75-A ao art. 75-F, sendo que em 2022 referido capítulo da CLT foi novamente alterado pela Lei n. 14.442, de setembro de 2022 (fruto da conversão da MP 1.108/2022). Desta forma, atualmente, considera-se teletrabalho a prestação de serviços fora das dependências do empregador, de maneira preponderante ou não, com a utilização de tecnologias de informação e de comunicação, que, por sua natureza, não configure trabalho externo. Ressalta o legislador, ainda, que o regime de teletrabalho não se confunde nem se equipara às atividades de operador de telemarketing ou de teleatendimento.

Uma crítica que se pode fazer à conceituação, que foi introduzida no ordenamento pátrio pela MP n. 1.108/2022 e convertida na Lei n. 14.442/2022, concerne

(3) LAVINAS, Lena (Coord.); SORJ, Bila; BARSTED, Leila Linhares; JORGE, Angela. *Trabalho a domicílio:* novas formas de contratualidade. Disponível em: <https://portalantigo.ipea.gov.br/agencia/images/stories/PDFs/TDs/td_0717.pdf>. Acesso em: 21 jan. 2023.

(4) CALVO, Adriana. *Manual de Direito do Trabalho.* 6. ed. São Paulo: Saraiva Jur, 2022.

à expressão *"prestação de serviços fora das dependências do empregador, de maneira preponderante ou não"*. Tecnicamente, se o trabalhador ativar-se preponderantemente nas dependências do empregador, não há falar em teletrabalho, mas em trabalho presencial.

O § 1º, do art. 75-B reforça que comparecimento, ainda que de modo habitual, às dependências do empregador para a realização de atividades específicas que exijam a presença do empregado no estabelecimento não descaracteriza o regime de teletrabalho.

Qual a vantagem para as partes envolvidas (empregado e empregador) se o teletrabalhador tiver que comparecer habitualmente nas dependências do empregador para a realização de suas atividades laborativas? Qual o alcance do termo "habitualmente" no contexto do teletrabalho? Para que não haja contradição entre a norma e a realidade dos fatos, entende-se que o legislador quis pontuar que, se o teletrabalhador comparecer na empresa algumas vezes durante a semana para entregar o serviço ou realizar alguma atividade presencial com superiores e colegas de trabalho, este ato por si só não desconfiguraria o regime de teletrabalho. A essa possibilidade de o teletrabalhador ter que comparecer habitualmente ao posto de serviço, a doutrina tem denominado de trabalho híbrido. Ocorre que legislador poderia ter sido mais explícito em sua conceituação, da forma como constou, à primeira vista, fica difícil distinguir teletrabalho e trabalho presencial do trabalho híbrido.

Diz ainda o comando legislativo que, o empregado submetido ao regime de teletrabalho poderá prestar serviços por jornada ou por produção ou tarefa e que nestas duas últimas hipóteses o trabalhador não fará jus ao pagamento de horas extraordinárias e de adicional noturno. Ocorre que, se a matéria for questionada no Poder Judiciário Trabalhista e este detectar a má-fé do empregador, que supostamente vier a colocar no contrato de teletrabalho que a prestação de serviços seria por produção ou tarefa, mas — na prática — passar a controlar a jornada do empregado, há sério risco de o juiz declarar a fraude, nos termos do art. 9º do diploma celetista[(5)] e determinar o pagamento da sobrejornada com os adicionais de lei. Isto porque o direito e o Poder Judiciário não podem compactuar com ilegalidades.

Outro ponto que merece atenção refere-se ao tempo em que o trabalhador usa os equipamentos tecnológicos, a internet e a infraestrutura necessária para o teletrabalho fora da jornada normal. A regra é de que este período não será computado

---

(5) Art. 9º Serão nulos de pleno direito os atos praticados com o objetivo de desvirtuar, impedir ou fraudar a aplicação dos preceitos contidos na presente Consolidação.

como tempo à disposição do empregador, salvo se houver previsão em acordo individual ou em acordo ou convenção coletiva de trabalho. Convém lembrar que, conforme foi explanado no parágrafo anterior, mesmo que não haja previsão contratual ou convencional, se o empregado demonstrar que a utilização das ferramentas digitais supramencionadas ocorreu em decorrência do exercício da atividade laborativa, haverá a deturpação da finalidade da norma, motivo pelo qual a tendência do magistrado trabalhista será a de aplicar o princípio da primazia da realidade e condenar o empregador no pagamento de horas extraordinárias. Frise-se que na mencionada hipótese o ônus da prova é do trabalhador. Em outras palavras: o empregado não estará proibido de utilizar os dispositivos do teletrabalho para, por exemplo, assistir a uma aula no seu curso de graduação; entretanto, não poderá exigir que este tempo seja remunerado como tempo à disposição do empregador para fins de pagamento de sobrejornada. Se estiver realmente trabalhando fora do horário de trabalho, será do teletrabalhador o ônus de produzir esta prova.

Nos termos do § 7º, do art. 75-B, é possível a contratação de aprendizes e de estagiários para o labor sob a modalidade de teletrabalho, desde que preenchidos os requisitos dos arts. 424 a 438 da CLT, para os aprendizes e da Lei n. 11.788/2008, para os estagiários. Saliente-se que se o aprendiz ou o estagiário for menor de idade, é necessária a assinatura do pai, mãe ou responsável legal e a empresa não deve incorrer em nenhuma das proibições arroladas no art. 405 da CLT.(6)

---

(6) Art. 405 – Ao menor não será permitido o trabalho:

I – nos locais e serviços perigosos ou insalubres, constantes de quadro para esse fim aprovado pelo Diretor Geral do Departamento de Segurança e Higiene do Trabalho;

II – em locais ou serviços prejudiciais à sua moralidade.

§ 1º *(Revogado pela Lei n. 10.097, de 2000)*

§ 2º O trabalho exercido nas ruas, praças e outros logradouros dependerá de prévia autorização do Juiz de Menores, ao qual cabe verificar se a ocupação é indispensável à sua própria subsistência ou à de seus pais, avós ou irmãos e se dessa ocupação não poderá advir prejuízo à sua formação moral.

§ 3º Considera-se prejudicial à moralidade do menor o trabalho:

a) prestado de qualquer modo, em teatros de revista, cinemas, buates, cassinos, cabarés, dancings e estabelecimentos análogos;

b) em empresas circenses, em funções de acróbata, saltimbanco, ginasta e outras semelhantes;

c) de produção, composição, entrega ou venda de escritos, impressos, cartazes, desenhos, gravuras, pinturas, emblemas, imagens e quaisquer outros objetos que possam, a juízo da autoridade competente, prejudicar sua formação moral;

d) consistente na venda, a varejo, de bebidas alcoólicas.

§ 4º Nas localidades em que existirem, oficialmente reconhecidas, instituições destinadas ao amparo dos menores jornaleiros, só aos que se encontrem sob o patrocínio dessas entidades será outorgada a autorização do trabalho a que alude o § 2º.

§ 5º Aplica-se ao menor o disposto no art. 390 e seu parágrafo único.

Outra questão prática importante que foi dirimida pela nova legislação diz respeito à aplicação do direito processual e do direito material no espaço.

Intuitivamente já se utilizava a regra de competência em razão do lugar, bem como de aplicação dos acordos e das convenções coletivas de trabalho do local onde o trabalhador estivesse lotado.

A legislação atual preocupou-se com estas questões que causavam polêmica na doutrina e na jurisprudência e esclareceu que aos empregados em regime de teletrabalho aplicam-se as disposições previstas na legislação local e nas convenções e nos acordos coletivos de trabalho relativas à base territorial do estabelecimento de lotação do empregado, e corroborou o que já era a prática do dia a dia.

Desse modo, se o trabalhador está lotado no estabelecimento de São Caetano do Sul e presta serviços em teletrabalho na cidade de Salvador, a competência para eventual ajuizamento de demanda trabalhista será do Foro Trabalhista de São Caetano do Sul, local de sua lotação.

Igualmente, os convênios coletivos a serem aplicados ao referido contrato de trabalho serão aqueles vigentes no local onde o teletrabalhador esteja lotado e não no local onde efetiva suas atividades laborativas.

Quanto ao teletrabalhador contratado no Brasil e que tenha optado pela execução dos serviços no exterior, aplica-se, via de regra, a legislação brasileira e somente serão utilizadas as vantagens estabelecidas na Lei n. 7.064/1982 (ou seja, a opção pela aplicação da lei estrangeira, quando mais favorável ao trabalhador, no seu conjunto e por matéria) se houver disposição contratual estipulada entre as partes neste sentido. Se a opção para trabalhar fora do país foi do teletrabalhador, não seria de boa lógica exigir-se que o empregador fosse onerado com verbas não previstas no ordenamento pátrio.

Por outro lado, o legislador perdeu a oportunidade de regulamentar o direito à desconexão e entendeu por bem deixar ao talante das partes, por meio de acordo individual, decidir sobre a imposição ou não de limites de horários e de meios de comunicação entre empregado e empregador. De qualquer maneira, o legislador repetiu a regra constitucional de que são assegurados aos trabalhadores (inclusive aos que atuam em teletrabalho) os repousos legais.

O art. 75-C, da CLT, estabelece que a prestação de serviços na modalidade de teletrabalho deverá constar expressamente do instrumento de contrato individual de trabalho. Portanto, não há falar em ajuste tácito de cumprimento de teletrabalho. Se os contratantes quiserem alterar a forma de prestação de serviços de presencial para o teletrabalho, esta alteração tem que ser feita mútuo acordo consentimento com registro em aditivo contratual, sob pena de se entender como alteração contratual lesiva, vedada pelo art. 468 do diploma consolidado, segundo o qual, nos contratos individuais de trabalho só é lícita a alteração das respectivas condições por mútuo consentimento, e ainda assim desde que não resultem, direta ou indiretamente, prejuízos ao empregado, sob pena de nulidade da cláusula infringente desta garantia.

Quando se tratar de alterar o regime de teletrabalho para o presencial, esta modificação pode ser realizado por determinação unilateral do empregador, que com a força do seu poder diretivo não precisará de consentimento do empregado, desde que garantido o prazo de transição mínimo de quinze dias, com correspondente registro em aditivo contratual. Na circunstância de ter sido do empregado a opção pela realização do teletrabalho fora da localidade prevista no contrato, o empregador não será responsável pelas despesas resultantes do retorno ao trabalho presencial, salvo se houver cláusula em contrário estabelecida entre empregador e teletrabalhador.

No que se refere à responsabilidade pela aquisição, manutenção ou fornecimento dos equipamentos tecnológicos e da infraestrutura necessária e adequada à prestação do trabalho remoto, bem como ao reembolso de despesas arcadas pelo empregado, reiterou-se a legislação anterior sobre o tema, e fixou-se que estas matérias serão objeto de acordo, necessariamente escrito, entre as partes envolvidas. Ocorre que, aquele que necessita do emprego para a subsistência própria e de sua família assinará qualquer cláusula determinada pelo empregador, ainda que lhe seja prejudicial e lhe atribua a total responsabilidade pela aquisição do ferramental necessário para o exercício do labor à distância.

Nos termos da norma em apreço, se o empregador pagar alguma verba para a aquisição destes equipamentos ou entregá-los in natura, tais bens e valores não integrarão a remuneração do empregado, ainda que haja habitualidade na prestação. Tratam-se de valores ou bens entregues para o exercício da atividade laborativa e não uma contraprestação pelo trabalho exercido.

O art. 157, da CLT, imputa ao empregador o ônus de cuidar da saúde e segurança do trabalhador, obrigando-lhe a cumprir e fazer cumprir as normas de segurança e medicina do trabalho e a instruir os empregados quanto às precauções a tomar no sentido de evitar acidentes do trabalho ou doenças ocupacionais. O art. 19, § 1º, da Lei n. 8.213/1991 reforça a ideia de que a empresa é responsável pela adoção e uso das medidas coletivas e individuais de proteção da saúde do trabalhador, e o § 2º acrescenta que constitui contravenção penal, punível com multa, deixar a empresa de cumprir as normas de segurança e higiene do trabalho. Quanto à saúde e segurança do teletrabalhador, o art. 75-E, do diploma consolidado, repete esta incumbência e impõe que o empregador deverá instruir os empregados, de maneira expressa e ostensiva, quanto às precauções a tomar a fim de evitar doenças e acidentes de trabalho e que o empregado deverá assinar termo de responsabilidade comprometendo-se a seguir as instruções fornecidas pelo empregador. O grande problema é a fiscalização quanto ao cumprimento destas medidas já que o teletrabalhador não está sob os olhos e controle direto do empregador. A fiscalização fica ainda mais difícil quando se trata de *home office*, ou seja, teletrabalho no domicílio de um empregado. Algumas soluções adotadas são a vistoria in loco mediante autorização do empregado a fim de que o empregador fiscalize questões de saúde e segurança que envolvam o bom uso dos equipamentos de proteção, os mobiliários de labor, a ergonomia etc. para tanto o Enunciado n. 23, da 2ª Jornada de Direito Material e Processual do Trabalho da ANAMATRA estabelece alguns parâmetros. Senão vejamos:

> 23. TELETRABALHO. FISCALIZAÇÃO DO MEIO AMBIENTE LABORAL. OBRIGAÇÃO DO EMPREGADOR. LIMITES Sempre que o teletrabalho seja realizado no domicílio do trabalhador, a visita ao local de trabalho para fins de fiscalização do meio ambiente laboral deverá se dar: (i) com a anuência e presença do empregado ou de alguém por ele indicado; (ii) a visita ao local de trabalho só deve ter por objeto o controle da atividade laboral, bem como dos instrumentos de trabalho; (iii) em horário comercial, segundo os usos e costumes do local; (iv) com respeito aos direitos fundamentais — intimidade e vida privada — do empregado.(7)

Desta forma, respeita-se ao mesmo tempo o poder diretivo do empregador de fiscalizar as atividades de seus empregados e a intimidade e vida privada do trabalhador.

Ademais, o capítulo celetista que trata do teletrabalho impõe que os empregadores deverão conferir prioridade aos empregados com deficiência e aos empregados e empregadas com filhos ou criança sob guarda judicial até quatro anos de idade na alocação em vagas para atividades que possam ser efetuadas por meio do teletrabalho. Trata-se de medida que visa a facilitar o exercício de atividades laborativas às pessoas portadoras de deficiência e de promover a parentalidade responsável para pais e mães de crianças de até quatro anos, já que a norma é explícita no sentido de que os empregados do gênero masculino também podem usufruir dessa prerrogativa.

---

(7) 2ª Jornada de Direito Material e Processual do Trabalho (2017). XIX Congresso Nacional dos Magistrados da Justiça do Trabalho — Conamat (2018). Disponível em: <https://www.anamatra.org.br/attachments/article/27175/livreto_RT_Jornada_19_Conamat_site.pdf>. Acesso em: 23 jan. 2022.

3. Teletrabalho Emergencial previsto na Lei n. 14.437/2022

A Lei n. 14.437/2022 promulgada a partir da Conversão em lei da Medida Provisória n. 1.109/2022 veio a lume com a intenção de enfrentar as consequências sociais e econômicas de estado de calamidade pública (nacional, estadual, distrital ou municipal) reconhecido pelo Poder Executivo Federal.

Por meio desta norma, estabeleceu-se que para a preservação do emprego, a sustentabilidade do mercado de trabalho e o enfrentamento das consequências de calamidades públicas reconhecidas nos termos da lei, seria possível ao empregador adotar o teletrabalho, desde que exista deliberação do Ministério do Trabalho e Previdência sobre a questão. Portanto, não se trata de autorização incondicional para o uso do teletrabalho sem o preenchimento das normas estabelecidas na CLT, e sim mecanismo a ser utilizado de maneira excepcional.

Na existência de calamidade pública explicitamente decretada pelo Poder Executivo Federal, poderá o empregador unilateralmente alterar o regime de trabalho presencial para teletrabalho, além de determinar o retorno ao regime de trabalho presencial, independentemente da existência de acordos individuais ou coletivos, dispensado o registro prévio da alteração no contrato individual de trabalho, desde que haja ato do Ministério do Trabalho e Previdência, que venha a fixar, dentre outros parâmetros, o prazo em que as medidas trabalhistas alternativas serão adotadas.

Neste aspecto, uma das lições deixadas pela pandemia de coronavírus foi a de que o país tem que estar preparado para situações emergenciais, com parâmetros prévios de medidas de enfrentamento, para que empregados e empregadores não sejam tomados de surpresa.

Preenchidos os requisitos essenciais, quais sejam, estado de calamidade pública decretado pelo Poder Executivo Federal e a edição de ato do Ministério do Trabalho e Previdência com a regulamentação da matéria, poderá o empregador adotar o teletrabalho emergencial, com a notificação do empregado por escrito ou por meio eletrônico com antecedência mínima de 48 (quarenta e oito) horas.

A responsabilidade pela aquisição, pela manutenção ou pelo fornecimento dos equipamentos tecnológicos e da infraestrutura necessária e adequada à prestação de teletrabalho e as disposições relativas ao reembolso de despesas efetuadas pelo empregado será objeto de pactuação escrita entre as partes, por meio de contrato firmado em até 30 (trinta) dias, contado da data da mudança do regime de trabalho.

Se o trabalhador não possuir os equipamentos tecnológicos adequados à prestação de teletrabalho, fica facultado ao empregador fornecê-los em regime de comodato. Se a questão for de ausência de infraestrutura necessária para o labor fora das dependências da empresa, o empregador poderá custeá-la sem que tal pagamento converta-se em verba de natureza salarial.

Se o empregador não puder oferecer os equipamentos necessários para o trabalho em *home office*, o período da jornada normal de trabalho será computado como tempo de trabalho à disposição do empregador, pois o empregado não pode sofrer os riscos da atividade econômica.

Repete-se nesta norma a regra geral da CLT de que o tempo de uso de equipamentos tecnológicos e de infraestrutura necessária, bem como de softwares, de ferramentas digitais ou de aplicações de internet utilizados para o teletrabalho ou o trabalho remoto, fora da jornada de trabalho normal do empregado não constitui tempo à disposição ou regime de prontidão ou de sobreaviso, exceto se houver previsão em acordo individual ou em acordo ou convenção coletiva de trabalho. Adota-se aqui o mesmo entendimento utilizado quando da análise da Lei n. 14.442/2022, se ficar demonstrada fraude à aplicação das normas de proteção ao trabalho, o juiz declarará a existência de sobrejornada, pois o Poder Judiciário não pode compactuar com ilicitudes.

O § 6º, da Lei n. 14.437/2022 estabelece ser aplicável ao teletrabalho emergencial o disposto no inciso III, do *caput* do art. 62 da CLT, segundo o qual o teletrabalho medido por produção ou tarefa não está sujeito ao pagamento de horas extraordinárias e adicional noturno, valendo aqui os mesmos comentários feitos acerca deste tema no item 2 desta pesquisa.

Por fim, permite-se a adoção do regime de teletrabalho emergencial para estagiários e aprendizes.

4. Teletrabalho e os desafios pós-pandêmicos

4.1. Direito à desconexão

O teletrabalho possui muitos aspectos positivos, como ressalta a própria OIT, esta modalidade de labor ajuda a manter empregos e a criar oportunidades de trabalho mais flexíveis, capazes de contrabalançar a vida pessoal, profissional, negócios e produtividade[8], o que favorece não apenas o indivíduo, mas também a sociedade como um todo: Estado, empregadores e trabalhadores.

Ocorre que, ao mesmo tempo que o teletrabalho abre uma gama de possibilidades para manter a harmonia entre vida familiar e profissional, pode levar o trabalhador

(8) *ONU NEWS*. PERSPECTIVA GLOBAL REPORTAGENS HUMANAS. Disponível em: <https://news.un.org/pt/story/2023/01/1807697>. Acesso em: 24 jan. 2023.

a uma sobrecarga psicológica ante a ausência de separação nítida entre o ambiente doméstico e o labor, sem falar no fato de algumas pessoas sentirem-se premidas a permanecerem o tempo todo conectadas à atividade profissional, para responderem imediatamente às demandas do empregador, ainda que fora do horário de trabalho.

Um dos grandes desafios do teletrabalho após a crise sanitária aguda passada nos anos de 2020 e 2021 é o de lidar com a hiperconexão.

Nas palavras de Rosane Gauriau, *"a capacidade de estar constantemente ao alcance (do empregador) e de formular a resposta mais rápida possível tornaram-se gradativamente critérios para avaliar o desempenho do trabalhador, sob pena de serem questionadas sua competência e habilidades"*. Nesse contexto, a cultura do urgente e a aceitação do "assédio digital" são critérios de empregabilidade. Esse culto ao imediatismo contribui ao blurring: a fronteira entre a vida profissional e pessoal é tênue e o tempo de trabalho não é mais contínuo.[9] A expressão inglesa *blurring* deve ser compreendida como sinônimo de "confuso", "embaçado", zona na qual a pessoa não percebe mais a distinção entre o lar e o labor. O medo de ser preterido por alguém digitalmente mais ágil e mais capaz de atender mais rapidamente aos chamados do empregador faz com que o trabalhador nunca se desligue das preocupações com o trabalho e se coloque sempre acessível, ainda que durante o período destinado ao descanso.

Com o afastamento social causado pela pandemia da Covid-19 e o uso do teletrabalho em *home office* como regra, o *blurring* passou a ser uma realidade na maior parte do mundo, com impacto mais evidente em países que não possuem legislação específica sobre o direito à desconexão, tal como ocorre no Brasil, e atinge mais fortemente as trabalhadoras do gênero feminino.[10]

A França editou norma explícita sobre o tema em análise em agosto de 2016, cuja vigência iniciou-se a partir de janeiro de 2017 (denominada de Lei El Khomri) e estabelece, no § 7º, do artigo L2242-8, os seguintes parâmetros: nas empresas com mais de 50 empregados o empregador deve estabelecer negociações coletivas sobre equidade profissional entre homens e mulheres e, estas negociações devem abranger também o direito de o trabalhador se desconectar de suas atividades laborativas para

---

(9) GAURIAU, Rosane. Direito à desconexão e teletrabalho: contribuição do direito do trabalho francês. Estudo comparado franco-brasileiro. *Revista TRT 8ª Região*, Belém. v. 54, n. 106, p. 1-452, jan./jun. 2021, p. 163-183.

(10) ARRUDA, Kátia Magalhães; BEGA, Mariana Ferrucci; LIMA, Thais de Araújo Paiva; MELO, Raimundo Simão de. *Os impactos à trabalhadora brasileira em decorrência da ausência do direito à desconexão no regime de home office.* Disponível em: <http://www.journalijdr.com/sites/default/files/issue-pdf/23161.pdf>. Acesso em: 28 jan. 2023.

efetivamente usufruir de períodos de descanso e de férias, e assim, poder cuidar de sua vida pessoal e familiar. Ademais, determinou o legislador, que o empregador deve implementar mecanismos de regulamentação do uso das ferramentas digitais de maneira a propiciar o descanso do empregado. Por fim, prevê que os trabalhadores e os dirigentes da empresa devem passar por ações de formação e sensibilização sobre a utilização racional das ferramentas digitais.(11)

Esta lei teve como precedentes duas decisões da Suprema Corte da França, a primeira, de 2011, diz que o empregado não tem obrigação de aceitar trabalhar de seu domicílio ou de levar para casa seus arquivos e ferramentas de trabalho, e a segunda, de 2004, estabelece que um trabalhador não pode ser punido por estar inacessível fora do horário de trabalho.(12)

A Espanha passou a regular o direito à desconexão, em 6 de dezembro de 2018, com o advento da Nova Lei de Proteção de Dados, que incorporou o Regulamento Geral sobre a Proteção de Dados (GDPR) para a legislação espanhola. Por esta ocasião, introduziu-se por meio do art. 88 a regra de que os trabalhadores dos setores privado e público deverão ter o direito à desconexão, garantindo-lhes o respeito a seus períodos de folgas, licenças e férias, assim como para a sua privacidade pessoal e familiar. A lei estipula, ainda, que o gozo do direito à desconexão deve levar em consideração a natureza do vínculo empregatício em questão e que o direito pode ser flexibilizado ou até mesmo descartado, a depender da natureza do vínculo empregatício estabelecido entre as partes.(13)

A exemplo do Código de Trabalho Francês, o empregador deve desenvolver uma política interna com especificações sobre o exercício adequado do direito à desconexão e garantindo que toda a equipe (inclusive os trabalhadores exercentes de altos cargos) receba o treinamento sobre o uso razoável da tecnologia para evitar o risco de fadiga digital.(14)

Em Portugal, o empregador tem o dever de se abster de contatar todo e qualquer trabalhador que esteja a seu serviço, independentemente do local da prestação de trabalho, durante o período de descanso, salvo em casos de força maior e sob pena de

---

(11) CODE DU TRAVAIL FRANÇAIS. Disponível em: <https://www.legifrance.gouv.fr/codes/article_lc/LEGIARTI000033024095/2017-09-01>. Acesso em: 29 jan. 2023.

(12) Disponível em: <https://d1jma837vts1w4.cloudfront.net/ckeditor_assets/attachments/3739/UNIDESCONEX%C3%83O_orientacoes.pdf>. Acesso em: 29 jan. 2023.

(13) UNIDESCONEXÃO. Disponível em: <https://d1jma837vts1w4.cloudfront.net/ckeditor_assets/attachments/3739/UNIDESCONEX%C3%83O_orientacoes.pdf>. Acesso em: 29 jan. 2023.

(14) UNIDESCONEXÃO. Disponível em: <https://d1jma837vts1w4.cloudfront.net/ckeditor_assets/attachments/3739/UNIDESCONEX%C3%83O_orientacoes.pdf>. Acesso em: 29 jan. 2023.

se considerar tal ato como infração punível com multa. Constitui ação discriminatória qualquer tratamento menos favorável dado ao trabalhador, em matéria de condições de trabalho e de progressão na carreira, pelo facto de exercer o direito ao período de descanso.(15)

No Brasil, não há, por ora, regra específica sobre o direito à desconexão, porém a jurisprudência tende a garantir indenização por danos morais quando ferido o direito constitucional à saúde e lazer. Neste sentido colaciona-se o seguinte julgado:

> "DANO MORAL. DIREITO À DESCONEXÃO. GARANTIAS CONSTITUCIONAIS À SAÚDE E AO LAZER. BENS JURÍDICOS TUTELADOS INERENTES AO EMPREGADO. ART. 223-C DA CLT. Nos termos do art. 223-B da CLT, o dano extrapatrimonial se configura quando há ofensa de ordem moral ou existencial à pessoa física ou jurídica, decorrente de ação ou omissão, sendo que a saúde e o lazer se encontram elencados no rol dos bens juridicamente tutelados inerentes ao empregado (art. 223-C, CLT).
>
> Nesse aspecto, o direito à desconexão do trabalho se insere no âmbito das garantias fundamentais à saúde e ao lazer (ar t. 6º, *caput*, e art. 7º, IV, da Constituição da República) , consectárias do Princípio da Dignidade da Pessoa Humana (art. 1 º, III, CR) , pelas quais o labor não pode ser um fim em si mesmo, mas sim o meio para o trabalhador promover sua subsistência e satisfazer suas necessidades e anseios pessoais, sem prejuízo ao repouso e ao convívio familiar e social.
>
> Violado o direito do empregado de se desconectar do trabalho, privando-lhe do devido descanso e do lazer, é cabível a reparação civil, consoante arts. 186 e 927 do Código Civil. (TRT-3 – ROT: 00102857920215030043 MG 0010285- 79.2021.5.03.0043, relator: Mauro Cesar Silva, Data de Julgamento: 1º.07.2022, Décima Turma, Data de Publicação: 04.07.2022).

O ideal seria que o Brasil trilhasse os exemplos supra e estabelecesse regra clara sobre a matéria. Está em tramitação o Projeto de Lei n. 4.044/2020 que pretende alterar a CLT para garantir o direito à desconexão em solo pátrio.

4.2. O poder de fiscalização e de vigilância do empregador em tempos de teletrabalho

A vigilância digital aperfeiçoou-se com o crescimento do *home office* e agora o grande desafio ao empregador está em fiscalizar o trabalho do empregado sem interferir na sua vida pessoal. Hoje em dia, as ferramentas tecnológicas permitem ao empregador vigiar se o empregado está efetivamente trabalhando ou não. Por exemplo, a

---

(15) Nova lei que regula o regime de teletrabalho e o direito à desconexão em Portugal. Disponível em: <https://www.garrigues.com/pt/pt-PT/news/nova-lei-regula-o-regime-teletrabalho-e-o-direito-desconexao-em-portugal>. Acesso em: 29 jan. 2023.

configuração do tempo de tela em limites mínimos permite ao empregador verificar se o trabalhador ficou muito tempo sem teclar.

Sabe-se também da existência de softwares de vigilância que verificam, pela forma como as teclas são pressionadas, se é o próprio trabalhador quem está ao computador.

Há, ainda, gravadores de imagens e sons que podem ser instalados sem que o empregado ao menos saiba da existência de tais equipamentos em sua máquina.

Rastreadores de geolocalização são alocados nos equipamentos eletrônicos fornecidos ao empregado para o exercício da atividade remota, o que permite ao empregador saber os passos do empregado diuturnamente.

A plataforma Sneek[16], por exemplo, utiliza a *webcam* do *notebook* para fotografar o trabalhador de cinco em cinco minutos, com a finalidade de verificar o efetivo tempo que este permanece ao computador. Já a plataforma Einable monitora a rapidez com que o trabalhador realiza suas atividades, a fim de atribuir-lhe pontuação e estabelecer uma escala com os melhores e piores desempenhos.

Tudo isso, traz uma ingerência indevida do empregador na vida privada do empregado, e sujeita a empresa a eventuais reclamações trabalhistas e ao pagamento de indenização por danos morais.

É certo que o poder diretivo do empregado engloba o direito de fiscalizar o serviço realizado pelo empregado, porém uma coisa é a vigilância sobre a qualidade e a quantidade de trabalho entregue, outra coisa muito diferente é o monitoramento da vida privada do trabalhador. Ao empregador não é lícito conhecer todos os detalhes da vida pessoal e familiar de seu subordinado.

Não se trata de cercear o poder diretivo do empregador, mas de estabelecer limites entre o direito de fiscalização e vigilância daquele que dirige a atividade econômica, do direito à privacidade e à autodeterminação informativa do trabalhador.

Vale lembrar que desde fevereiro de 2022, houve alteração da Constituição Federal, para acrescentar o inciso LXXIX ao art. 5º, que assegura o direito à proteção dos dados pessoais, inclusive nos meios digitais, razão pela qual os empregadores devem

---

(16) Sneek: a plataforma que controla os funcionários em teletrabalho. Disponível em: <https://linktoleaders.com/sneek-a-plataforma-que-controla-os-funcionarios-em-teletrabalho/>. Acesso em: 29 jan. 2023.

ficar atentos para não incorrerem em atitudes que possam extrapolar os limites de seu poder de direção. Repita-se: fiscaliza-se se o serviço está sendo prestado do modo e com o resultado pretendido, jamais a vida privada do empregado.

Conclusões

1. O teletrabalho ganhou relevância durante o período de afastamento imposto pela pandemia da Covid-19, tanto que o legislador regulamentou não apenas a forma de utilização do trabalho remoto em tempos normais como também em hipóteses de calamidade pública municipal, estadual ou federal.

Várias são as efetivas vantagens do teletrabalho, inclusive a possibilidade de o trabalhador continuar empregado, mesmo que esteja fora da cidade onde deveria prestar seus serviços.

O fato de não precisar se deslocar para o trabalho faz com que haja aumento de produtividade para o empregador e a possibilidade de melhor qualidade de vida para o empregado.

Entretanto, ao lado dos pontos positivos arrolados acima, há também alguns aspectos negativos que não podem ser ignorados e que devem ser enfrentados para sua superação.

Dentre eles tem-se a hiperconexão. O Brasil não possui regras específicas para o tema, e pior: o art. 75-B, § 5º, da CLT estimula o empregador a acionar o empregado a qualquer tempo, ao fixar que não há horas extras na hipótese de o trabalhador manter-se conectado fora do horário de trabalho. A jurisprudência, em interpretação sistemática, tem sido favorável ao trabalhador quando este demonstra ter sido acionado por superiores e colegas de trabalho, em razão do labor, pelas mensagerias ou outros meios telemáticos, em seus momentos de descanso, férias e licenças.

Outro aspecto negativo do teletrabalho refere-se ao abuso do poder de fiscalização por parte de alguns empregadores. Muitos tomadores de serviço exageram no monitoramento e resvalam no direito do empregado à intimidade, vida privada e autodeterminação informativa. A razoabilidade indica que a empresa pode fiscalizar o andamento dos serviços e a qualidade do trabalho prestado, sem — entretanto — resvalar em monitorar detalhes da vida pessoal do trabalhador e sua família.

O teletrabalho é uma modalidade de prestação de serviços que veio para ficar e, por isso, deve ser aperfeiçoada, daí porque aqueles que lidam com o direito devem envidar esforços para superar os desafios acima apontados.

Referências bibliográficas

2ª Jornada de Direito Material e Processual do Trabalho (2017). *XIX Congresso Nacional dos Magistrados da Justiça do Trabalho – Conamat (2018)*. Disponível em: <https://www.anamatra.org.br/attachments/article/27175/livreto_RT_Jornada_19_Conamat_site.pdf>. Acesso em: 23 jan. 2022.

ARRUDA, Kátia Magalhães; BEGA, Mariana Ferrucci; LIMA, Thais de Araújo Paiva; MELO, Raimundo Simão de. *Os impactos à trabalhadora brasileira em decorrência da ausência do direito à desconexão no regime de* home office. Disponível em: <http://www.journalijdr.com/sites/default/files/issue-pdf/23161.pdf>. Acesso em: 28 jan. 2023.

CALVO, Adriana. *Manual de Direito do Trabalho*. 6. ed. São Paulo: Saraiva Jur, 2022.

DELGADO, Mauricio Godinho. *Curso de direito do trabalho:* obra revista e atualizada conforme a lei da reforma trabalhista e inovações normativas e jurisprudenciais posteriores. 18. ed. São Paulo: LTr, 2019.

CODE DU TRAVAIL FRANÇAIS. Disponível em: <https://www.legifrance.gouv.fr/codes/article_lc/LEGIARTI000033024095/2017-09-01>. Acesso em: 29 jan. 2023.

Disponível em: <https://d1jma837vts1w4.cloudfront.net/ckeditor_assets/attachments/3739/UNIDESCONEX%C3%83O_orientacoes.pdf>. Acesso em: 29 jan. 2023.

GAURIAU, Rosane. Direito à desconexão e teletrabalho: contribuição do direito do trabalho francês. Estudo comparado franco-brasileiro. *Revista do TRT 8ª Região*, Belém. v. 54, n. 106, p. 1-452, jan./jun. 2021, p. 163/183.

LAVINAS, Lena (Coord.); SORJ, Bila; BARSTED, Leila Linhares; JORGE, Angela. *Trabalho a domicílio:* novas formas de contratualidade. Disponível em: <https://portalantigo.ipea.gov.br/agencia/images/stories/PDFs/TDs/td_0717.pdf>. Acesso em: 21 jan. 2023.

Nova lei que regula o regime de teletrabalho e o direito à desconexão em Portugal. Disponível em: <https://www.garrigues.com/pt/pt-PT/news/nova-lei-regula-o-regime-teletrabalho-e-o-direito-desconexao-em-portugal>. Acesso em: 29 jan. 2023.

ONU NEWS. PERSPECTIVA GLOBAL. REPORTAGENS HUMANAS. Disponível em: <https://news.un.org/pt/story/2023/01/1807697>. Acesso em: 24 jan. 2023.

Sneek: a plataforma que controla os funcionários em teletrabalho. Disponível em: <https://linktoleaders.com/sneek-a-plataforma-que-controla-os-funcionarios-em-teletrabalho/>. Acesso em: 29 jan. 2023.

UNIDESCONEXÃO. Disponível em: <https://d1jma837vts1w4.cloudfront.net/ckeditor_assets/attachments/3739/UNIDESCONEX%C3%83O_orientacoes.pdf>. Acesso em: 29 jan. 2023.

Nômades Digitais[1]

Yone Frediani[2]

1. Noções introdutórias

A pandemia provocada pela Covid-19 e a consequente ameaça sanitária global, impôs, como uma das formas de prevenção, o isolamento social, mediante o inevitável fechamento de fronteiras e a paralisação de atividades não essenciais que se tornaram elementos principais da aceleração da mobilidade digital mundo afora.

O uso de meios digitais com predominância nesse período crítico da história sanitária mundial, foi responsável pela interrupção de diversas atividades econômicas nas fases mais sensíveis da pandemia, quando inúmeros Estados decretaram condições mais rígidas para o isolamento social.

O isolamento social e a necessidade da continuidade da prestação de serviços objetivando a sobrevivência dos cidadãos que não estivessem envolvidos com atividades

---

(1) Texto inicialmente elaborado para compor obra coletiva em homenagem ao Ministro Sergio Pinto Martins do Tribunal Superior do Trabalho, ampliado e atualizado para apresentação no Congresso AATS — Novas formas flexíveis de trabalho, o que esperar para o futuro?, realizado em 04.11.2021 na cidade de Santos.

(2) Advogada militante, OAB/SP 37.334. Sócia fundadora de Frediani e Borba Sociedade de Advogados. Desembargadora aposentada do Tribunal Regional do Trabalho da 2ª Região. Doutora em Direito do Trabalho e Mestre em Direito das Relações do Estado PUC/SP. Mestre em Direitos Fundamentais/UNIFIEO. Especialista em Direito do Trabalho e Direito Sindical italiano e em Direito Comunitário do Trabalho pela Universidade de Modena e Reggio Emilia, Itália. Professora de Direito e Processo do Trabalho nos cursos de Graduação (desde 2004) e Pós-Graduação da FAAP/Ribeirão Preto (2009-2014) – Fundação Armando Álvares Penteado. Membro del Collegio dei Docenti del Corso di dottorato in "Diritto comparato, privato, processuale civile e dell'impresa" presso L'Università degli Studi di Milano — UNIMI. Membro da Academia Brasileira de Direito do Trabalho, cadeira n. 54; Membro do Conselho Superior de Relações do Trabalho da Federação das Indústrias de São Paulo – FIESP. Membro da Asociación Iberoamericana de Derecho del Trabajo y de la Seguridad Social. Professora Visitante da Universidade de Modena e Reggio Emilia, Itália (2012-2014) e da Universidad Tecnologica del Peru. Autora de inúmeros artigos e livros nas áreas do Direito Individual, Coletivo e Processual do Trabalho.

essenciais, fez com que a população mundial se reinventasse em tempo recorde, surgindo novas identidades laborais.

A previsão legal para o regime de teletrabalho foi inserida no ordenamento brasileiro em 2017, sendo conceituado como a prestação de serviços preponderantemente fora das dependências do empregador, com a utilização de tecnologias de informação e da comunicação que, pela natureza dos serviços prestados, não se enquadram como trabalho externo. Embora o legislador pátrio tenha definido o conceito de teletrabalho, os operadores do direito continuam a discutir peculiaridades e diferenças entre teletrabalho, trabalho remoto, *home office* ou trabalho a domicílio.

Portanto, o desenvolvimento, desdobramentos e aceleração das inúmeras modalidades do teletrabalho, *home office* e do trabalho à distância jamais imaginados no passado, provocou a introdução de inúmeras inovações no mundo do trabalho, surgindo dentre tais modalidades o formado de trabalho denominado *work from anywhere* e, neste contexto, surge o trabalhador que presta serviços de qualquer lugar do planeta utilizando tecnologias da informação e da comunicação; já, a contratação *on demand,* implica na modalidade em que a prestação de serviços é executada com início e término da atividade previamente ajustados e, mais recentemente, o trabalho executado pelos nômades digitais que trabalham de localidades diferentes a cada momento e por este motivo são conhecidos como chamados nômades digitais[(3)].

As ausências legislativas e jurisprudenciais sobre as novas identidades laborais, especialmente a respeito do nômade digital, se revelam um desafio para os militantes e estudiosos do direito do trabalho e que deveria ser superado prontamente, na medida em que a contratação de trabalhadores à distância, em princípio não lhes retira a proteção do direito laboral, se subordinados a um contrato de trabalho.

2. Quem são, como trabalham e vivem os nômades digitais

Quando se analisa o mercado de trabalho especialmente na área da TI, surge, imediatamente a geração Y, também conhecida pela expressão *millennials*, identificando a geração que acompanhou o desenvolvimento da tecnologia em suas inúmeras formas.

Importante lembrar que o conceito de geração pode ser considerado o conjunto de indivíduos que nasceram dentro do mesmo espaço de tempo, compartilhando

---

(3) *Nômades Digitais:* qual regra seguir? Pinheiro Neto. Disponível em: <https://www.pinheironeto.com.br/publicacoes>.

os mesmos espaços sociais como escolas, clubes e trabalho, apresentando, assim, comportamentos muito semelhantes.

Na média, as gerações têm duração de 25 anos, considerando ser este o espaço de tempo para que comportamentos e estruturas sociais de um grupo apresente modificações em relação aos padrões anteriores. No entanto, por força do avanço das novas tecnologias, o intervalo entre gerações foi reduzido para 10 anos.

Nesse contexto, é relevante conhecer-se o pensamento, objetivos, filosofia e aspirações de vida dos integrantes de uma nova geração que estará participando da sociedade, transmitindo suas ideias e disputando o mercado de trabalho. Pode-se, pois, afirmar que a geração dos *millennials* é contemporânea à globalização e com o avanço da era tecnológica e digital.

Na verdade, inexiste consenso sobre o início e término da Geração Y, estimando-se que se iniciou em 1979 e terminou em 1995; porém, existem afirmações de que os *millennials* começaram a nascer ao redor de 1982, estimando-se que a próxima geração surgiria após os anos 2000.

Feitas tais considerações assevera-se que os *millennials* são oriundos de um período em que os meios de comunicação e a internet se desenvolviam e se espalhavam pelo mundo, presenciando o mundo analógico se transformar em digital.

Além de permanecerem conectados por muitas horas diariamente, essa geração encontra-se munida de muitas informações locais e internacionais sobre variados assuntos, obtendo educação e conhecimentos variados, sempre por meio da tecnologia e da internet. Comparados às gerações que os antecederam, os *millennials* optaram por não constituir família ou deixarem tais planos para um outro momento, inclinados que se encontram à aventura e descoberta de novos horizontes de vida e trabalho.

Observou-se que pessoas integrantes da geração *millennials*, na sua grande maioria, não tem planos rígidos de fazer carreira para a vida toda como seus pais; ao contrário, a liberdade, o gosto por viagens e a criatividade são elementos integrantes de sua opção por uma vida mais flexível, explorando o mundo em busca de novas experiências.

Integrados às novas tecnologias praticamente desde o nascimento, acostumaram-se a realizar suas atividades por meio de um click, dedicando-se às múltiplas tarefas e aos desafios por elas impostos; costumam trabalhar no desenvolvimento de programas, jogos, programações de toda espécie, preferencialmente, na área da TI em face da facilidade que possuem em operar ferramentas da tecnologia da informação e comunicação.

3. Necessidade de regulamentação da atividade executada pelos nômades digitais

No mundo do trabalho no pós-pandemia, caminha-se para a ampliação e aperfeiçoamento do trabalho remoto, desenvolvido em diferentes modalidades, de acordo com a cultura de cada empresa e país em que se encontra sediada, sendo importante realçar que muitos hábitos do passado foram substituídos pela nova realidade; muitas pessoas deixaram as grandes cidades e mudaram-se para a praia ou campo, de onde continuam a prestar seus serviços mediante contrato de trabalho ou de autonomia.

Explica-se este êxodo pelo fato de que muitas empresas, seus empregados e trabalhadores autônomos, já não precisam mais estar presentes no mesmo ambiente do tomador de serviços, um dos ensinamentos propiciados pela pandemia; por outro lado, verificou-se, também, uma melhoria sensível na qualidade de vida dos trabalhadores que puderam permanecer trabalhando à distância, já que não necessitam mais permanecer muitas horas no trânsito das grandes cidades, acrescentando-se que em relação às empresas e tomadores de serviço, essas inovações permitiram maior rapidez e eficiência na execução dos serviços com sensível redução de seus custos fixos.

No contexto pós-pandemia, em que muitos trabalhadores migraram forçados para o regime remoto, vários deles não desejam retornar ao regime presencial — em qualquer faixa salarial. É o que mostra uma pesquisa feita pela Organização para a Cooperação e Desenvolvimento Econômico (OCDE): a maioria dos trabalhadores que podem trabalhar de casa prefere permanecer integral ou parcialmente em regime remoto[(4)].

Com o auxílio de pesquisa no direito estrangeiro, assevera-se que os nômades digitais podem ser identificados com as pessoas que nasceram na década de 1980 até o final de 1990 e que desde cedo encontram-se familiarizados com as inúmeras ferramentas informáticas; apresentam, na sua grande maioria, relevante formação em TI e mudam de trabalho com certa regularidade, seja porque não reputam necessária a estabilidade econômica e laboral do passado, seja porque não se sentem envolvidos integralmente com as organizações para as quais prestam serviços.

A tendência de valorização do trabalho à distância no pós-pandemia encontra-se marcada pelos países que se destacam no avanço digital como a Estônia que,

---

(4) Por que brasileiros não podem ser trabalhadores nômades. Disponível em: <https://www.dmtemdebate.com.br>.

segundo consta, tornou-se o primeiro país a adotar legislação específica destinada aos nômades digitais, permitindo que estrangeiros possam trabalhar a partir de seu território, autorizando a concessão de visto temporário aos profissionais que residem naquele local, mas trabalham para outros países. Nessa mesma linha, o Caribe também seguiu a mesma iniciativa, concedendo visto temporário para estrangeiros que residam à beira mar e prestem serviços para outras localidades, superando qualquer fronteira física(5), ressaltando-se que outros países aderiram à criação de programas para concessão de visto para os nômades digitais, citando-se a República Tcheca, Portugal, Croácia, Alemanha, Espanha, México, Austrália e Dubai(6).

Mais recentemente, outros países se destacaram na regulamentação de vistos destinados aos nômades digitais, a saber : Georgia, Islândia, Noruega, Malta, Grécia, Romênia, Chipre, Letônia, Barbados, Antígua e Barbuda, Bermudas, Ilhas Cayman, Anguila, Montserrat, Domínica, Bahamas, Curaçao, Santa Lucia, Granada, Costa Rica, Panamá, Belize, Equador, Taiwan, Sri Lanka, Tailândia, Malásia, Maurício, Cabo Verde, Seicheles, Namíbia, Macedônia do Norte, Sérvia, Montenegro, Colômbia e África do Sul, esclarecendo-se que segundo artigo consultado(7), na atualidade 49 países concedem vistos a nômades digitais.

Segundo a socióloga Alejandra Nuño(8), nos Estados Unidos após a pandemia, o número de pessoas que se demitiram de suas empresas é de 4 milhões. Esse fenômeno é conhecido como "A Grande Demissão" dos trabalhadores de bancos de investimento que mudam para o setor de tecnologia porque estão procurando "outras coisas" independentemente da remuneração.

O profissional classificado como nômade digital trabalha integralmente de forma online, não necessitando estar presente ou vinculado a um escritório ou empresa e nem limitar a sua atuação a uma determinada cidade ou país, tratando-se de profissionais altamente qualificados em TI e que dominam diversos idiomas, requisito considerado básico para a prestação de serviços na área e facilitador de sua integração em diversos países.

Verificou-se, também, que os nômades digitais não possuem moradia fixa, porque passam a vida trabalhando, viajando e residindo por tempo determinado nos

(5) Disponível em: <https://www.migalhas.com.br/depeso/337867/futuro-do-trabalho-e-o-protagonismo-dos-nomades-digitais-aspectos-juridicos-sob-a-otica-do-direito-do-trabalho>.

(6) Nômades Digitais – Aspectos gerais imigratórios e trabalhistas. Disponível em: <https://drummondadvisors.com>.

(7) Disponível em: <https://nomadgirl.co/countries-with-digital-nomad-visas/>.

(8) Alejandra Nuño. NIUS, 28 de noviembre de 2021. La gran desbandada laboral: "La gente no quiere seguir trabajando así".

países de sua escolha, na medida em que a flexibilidade e mobilidade na prestação de serviços constitui característica dessa nova e atraente modalidade de trabalho.

Em que pesem os aspectos acima apontados, constatou-se que os nômades digitais, regra geral, trabalham na condição de profissionais autônomos e com a nova dimensão no mundo do trabalho após a pandemia, inúmeras empresas e tomadores de serviços passaram a conviver com a execução do trabalho remoto, circunstância que acarretou a diversos países a abertura de suas fronteiras para a nova modalidade de prestadores de serviços que queiram residir temporariamente em países variados.

Considerando a novidade da prestação de serviços por nômades digitais, até o momento, inexistem regulamentações típicas para o trabalho desenvolvido, valendo dizer, que a tais trabalhadores foi outorgada apenas permissão de residência para executarem trabalho nessa condição.

4. Regulamentação dos nômades digitais no ordenamento brasileiro

Por meio da Resolução CNIG MJSP n. 45, de 09.09.2021, o Brasil também disciplinou a concessão de visto temporário e de autorização de residência para imigrante, sem vínculo empregatício no Brasil, cuja atividade profissional possa ser realizada de forma remota, denominado "nômade digital"[(9)].

De acordo com o disposto no § 1º do art. 1º de referida resolução, considera-se "nômade digital" o imigrante que, de forma remota e com a utilização de tecnologias da informação e de comunicação, seja capaz de executar no Brasil suas atividades laborais para empregador estrangeiro.

Permite-se, ainda, na conformidade do disposto no art. 2º da mesma resolução que as atividades previstas poderão ser realizadas pelo imigrante na condição de visitante, devendo ser observadas, de acordo com a nacionalidade, as regras aplicáveis ao prazo de estada e à exigência de visto de visita.

A concessão do visto pelo interessado demandará a apresentação à autoridade consular dos documentos a seguir relacionados, dentre outros que poderão ser exigidos:

I – documento de viagem válido ou outro documento que comprove a sua identidade e a sua nacionalidade, nos termos dos tratados de que o País seja parte;

(9) Disponível em: <https://in.gov.br/en/web/dou/-/resolucao-cnig-mjsp-n-45-de-9-de-setembro-de-2021-375554693>.

II – seguro de saúde válido no território nacional;

III – comprovante de pagamento de emolumentos consulares;

IV – formulário de solicitação de visto preenchido;

V – comprovante de meio de transporte de entrada no território nacional;

VI – atestado de antecedentes criminais expedido pelo país de origem ou, a critério da autoridade consular e de acordo com as peculiaridades do país onde o visto foi solicitado, documento equivalente; e

VII – documentos que comprovem a condição de nômade digital.

Porém, caso o interessado já se encontre no território nacional, a autorização para residência ficará condicionada à apresentação dos seguintes documentos:

A autorização de residência prevista nesta Resolução ao Ministério da Justiça e Segurança Pública, desde que apresentados os seguintes documentos:

I – formulário de Requerimento de Autorização de Residência, conforme Anexo I, assinado pelo interessado ou por seu representante legal;

II – documento de viagem válido ou outro documento que comprove a sua identidade e a sua nacionalidade, nos termos dos tratados de que o País seja parte;

III – documento que comprove a sua filiação, devidamente legalizado e traduzido por tradutor público juramentado, exceto se a informação já constar do documento a que se refere o inciso II;

IV – procuração, quando o solicitante se fizer representar por procurador;

V – Guia de Recolhimento da União — GRU Simples, da taxa de processamento e avaliação de pedidos de autorização de residência com o respectivo comprovante de pagamento;

VI – certidões de antecedentes criminais ou documento equivalente emitido pela autoridade judicial competente de onde tenha residido nos últimos cinco anos;

VII – declaração, sob as penas da lei, de ausência de antecedentes criminais em qualquer país, nos cinco anos anteriores à data da solicitação de autorização de residência; e

VIII – documentos que comprovem a condição de nômade digital.

Em qualquer das hipóteses acima tratadas, o prazo inicial da residência do imigrante portador do visto temporário será de até um ano, podendo ser renovado, por igual período, mediante apresentação dos documentos relacionados no art. 6º da Resolução sob análise.

A comprovação da condição de nômade digital, segundo a regra contida no art. 5º da Resolução, se fará por meio da apresentação de:

> I – declaração do requerente que ateste a capacidade de executar suas atividades profissionais de forma remota, por meio de tecnologias da informação e de comunicação;
>
> II – contrato de trabalho ou de prestação de serviços ou outros documentos que comprovem o vínculo com empregador estrangeiro; e
>
> III – comprovação de meios de subsistência, provenientes de fonte pagadora estrangeira, em montante mensal igual ou superior a US$ 1.500,00 (mil e quinhentos dólares) ou disponibilidade de fundos bancários no valor mínimo de US$ 18.000,00 (dezoito mil dólares).

Verifica-se, não obstante o acima exposto, que inúmeras questões sequer foram objeto de regulamentação destinada aos nômades digitais, citando-se, dentre as mais relevantes : a) estarão sujeitos a horário de trabalho? b) em caso positivo, qual seria o fuso horário a ser considerado? c) seria permitido o trabalho noturno no exterior ou no território brasileiro? d) como seriam enquadrados os riscos profissionais, respectiva responsabilidade, inclusive no que pertine às possíveis doenças ocupacionais? e) em caso de litígio, quais os critérios para definição da competência para ajuizamento de ação? f) repercussões da LGPD e suas consequências; respostas que somente o tempo e o aprimoramento desta atividade poderão ser solucionadas.

5. Nômades digitais e o ordenamento italiano[10]

Na perspectiva de consolidação do trabalho remoto e avaliando as importantes implicações organizacionais e jurídicas que decorrem do plano de mobilidade internacional, chega na Itália uma novidade introduzida pelo Decreto Sostegni ter[11]: favorecer o ingresso dos nômades digitais, cidadãos de países terceiros, para desenvolver atividade laboral altamente qualificada por meio da utilização de instrumentos tecnológicos, constituindo uma potencialidade para o desenvolvimento do trabalho remoto no mais complexo panorama da regulamentação contratual e previdenciária do trabalho a nível internacional.

---

(10) Texto elaborado em parceria com o Prof. Alberto Levi, professor Ordinário junto à Universidade de Modena e Reggio Emilia.

(11) Legislação extraordinária aprovada por força da pandemia provocada pela Covid-19.

A lei considera nômades digitais, trabalhadores que desenvolvem atividade laboral altamente qualificada através da utilização de instrumentos tecnológicos que permitem a execução do trabalho remoto.

De acordo com o disposto no Decreto Sostegni ter, referidos trabalhadores podem obter, sem qualquer obstáculo, permissão para o exercício de suas atividades, de forma autônoma ou por meio de empresa ainda que não sediada no território italiano, podendo ingressar na Itália sem nenhum óbice para o trabalho e ali permanecer, desde que obtida a permissão de estadia prévia e do visto de ingresso.

Portanto, pode-se afirmar que os denominados nômades digitais são cidadãos de países extracomunitários que desenvolvem atividade laboral altamente qualificada por meio da utilização de instrumentos tecnológicos que permitam o trabalho remoto.

Aos nômades digitais permite-se o ingresso na Itália, além da cota prevista anualmente (decreto dos fluxos), sendo-lhes concedida permissão de estadia com duração de um ano sob a condição de que o titular tenha disponibilidade de promoverem sua assistência sanitária (com cobertura de todos os riscos no território nacional) e respeitem as disposições de caráter fiscal e contributivo vigentes no ordenamento nacional.

Assim sendo, os nômades digitais se agregam à tipologia dos trabalhadores altamente especializados ou peculiares por seu tipo de atividade (citando-se como exemplos: os professores universitários, trabalhadores em circos e espetáculos móveis, marítimos e enfermeiros profissionais) que podem ingressar no país, encontrando-se subordinados à emissão de autorização para trabalho que deve ser requerida pelo empregador ou tomador de serviços.

Este procedimento inicia-se com o pedido do empregador ou tomador de serviços que deverá afirmar inexistir qualquer óbice ao ingresso do trabalhador, apresentado perante o órgão competente. Obtido o parecer da autoridade policial e da Direção Provincial Territorial do Trabalho, obtém-se a autorização ou o indeferimento do pedido formulado. Recebida a comunicação de autorização, o cidadão estrangeiro, deve dirigir-se dentro de 180 dias à Representação Diplomática ou Consular italiana para requer o visto de ingresso. Obtido o visto e ingressando na Itália, o trabalhador estrangeiro, no prazo de 8 dias, deverá dirigir-se, acompanhado do empregador ao órgão único de imigração para subscrever o contrato de permanência e requerer permissão de permanência e para o trabalho.

Verifica-se, assim, o surgimento de um novo modelo e das transformações das prestações de trabalho, com um novo significado à vida, à relação vida-trabalho e à relação espaço-tempo com os quais os dias de cada um ficam marcados, sem uma divisão clara entre tempo de trabalho e tempo de vida (De Masi), justamente porque — após dois anos de pandemia — é o trabalho que deve começar a dialogar melhor com a vida e suas necessidades — individuais, familiares, organizacionais — e não mais o contrário[12].

6. Nômades digitais no ordenamento espanhol[13]

Com o retorno das atividades profissionais no pós-pandemia, verificou-se a necessidade de criação de empregos que se confronta com a realidade de que o trabalho assalariado tradicional se encontra escasso e se converte em uma modalidade de prestação de serviços em crise. Na indústria, o trabalho assalariado convive com uma nova modalidade, o emprego flexível e digital, englobando múltiplas formas de prestação de serviços, tais como o trabalho à distância, teletrabalho não habitual, trabalho digital, trabalho em plataformas, etc., que de alguma maneira, representam novas formas de trabalho que tentam evitar o compromisso e as garantias dos direitos laborais.

Relativamente ao trabalho em plataformas, as condições laborais são definidas em grande medida por contratos de serviços estabelecidos unilateralmente pelas próprias plataformas com relação ao tempo de trabalho, remuneração, protocolos de atenção ao cliente, dentre outros e não envolvem uma relação contratual entre a plataforma e o trabalhador. Tais aspectos implicam em que os trabalhadores não desfrutam de proteção e de direitos laborais dos assalariados tais como, seguro enfermidade, prestações de acidente do trabalho, seguro desemprego e invalidez, prestações de aposentadoria ou pensão por velhice, circunstâncias que tem movido muitos países na abordagem das questões relacionadas com sua proteção social.

Uma das ações propostas pela ONU em matéria de emprego e proteção social indicou a necessidade de adoção de medidas para estender a proteção social aos trabalhadores da economia informal.

A Espanha, avançou nesse sentido com a Lei n. 12/2021, de 29.09.2021, modificando o texto refundido da Lei do Estatuto dos Trabalhadores, aprovado pelo Decreto Real Legislativo 2/2021, de 23.10.2021, que garantiu direitos laborais aos trabalhadores dedicados à distribuição no âmbito das plataformas digitais. Esta lei estabeleceu a presunção de empregabilidade das atividades de distribuição quando a empresa exercer suas faculdades de organização, direção e controle mediante gestão algoritmica dos serviços ou das condições de trabalho, através de uma plataforma digital.

Não obstante, trata-se de um avanço relativo já que a presunção somente se estende àquelas pessoas que realizam prestações de serviços de distribuição, excluídas

---

(12) L'EDITORIALE DI LUCA FAILLA – 04 GIUGNO 2022 ORE 06:00. Nomadi digitali del lavoro. Un'opportunità da non perdere per le aziende Luca Failla — Professore a contratto di diritto del lavoro presso l'Università degli Studi LUM.

(13) Esperanza Macarena Sierra Benítez. La protección social en la encrucijada. La expansión del trabajo remoto y la recepción en Europa de los nómadas digitales. *E-Revista Internacional de la Protección Social*, 2021, vol. VI, n. 2, ISSN 2445-3269.

todas as que realizam atividades distintas às de distribuição através das plataformas econômicas.

Por outro lado, a Lei n. 10/2021, de 09.07.2021, que disciplina o trabalho à distância, contemplou a prestação de serviços realizada fora dos estabelecimentos e centros habituais da empresa, do qual o teletrabalho é uma subespécie que implica a prestação de serviços com novas tecnologias. Todavia, a lei somente incluiu dentro de seu âmbito de aplicação o trabalho à distância regular, valendo dizer, o trabalho executado em um período de referência de 3 meses, um mínimo de 30% da jornada ou o percentual proporcional equivalente em função da duração do contrato de trabalho. Tampouco fez referência ao teletrabalho transnacional, ao menos nos termos em que vem sendo realizado em outros países.

Na União Europeia verificou-se a adoção acelerada do teletrabalho após o início da pandemia como medida de prevenção, contenção e coordenação para fazer frente à crise sanitária ocasionada pela Covid-19.

Observa-se que o teletrabalho como trabalho remoto está sendo objeto de regulamentação ou de aperfeiçoamento na maioria dos países do mundo, que recorreram a esta forma de trabalho como consequência da crise provocada pela Covid-19, valendo dizer, utilização do trabalho remoto como medida de proteção social.

Não obstante, existe uma modalidade de trabalho remoto que se diferencia do teletrabalho em que os empregados remotos podem executar seus projetos e superar seus objetivos de onde queiram, porém, em um regime de mobilidade temporal internacional sendo identificados por meio da expressão "nômades digitais".

A pandemia da Covid-19 e o fenômeno conhecido como uberização da economia, possibilitaram que certos profissionais possam aspirar a um estilo de vida diferente e de mobilidade, utilizando ferramentas digitais para a prestação de serviços remotos. Surgem, assim, os nômades digitais identificados com pessoas que nasceram na década de 1980 e final da década de 1990 e que desde cedo estão familiarizados com as ferramentas informáticas (*millennials*) e que costumam mudar de trabalho com certa regularidade, porque não tem uma estabilidade econômica ou porque não se sentem envolvidos com as organizações para as quais prestam serviços.

Na União Europeia, estes nômades digitais são considerados teletrabalhadores estrangeiros aos quais se permite trabalhar em qualquer país da Europa para uma empresa sediada no estrangeiro, mediante a obtenção de vistos nômades dotados de um regime de concessão flexível.

A Espanha se comprometeu a aprovar uma lei para impulsionar as empresas emergentes e fomentar o empreendimento antes do final de 2022. No anteprojeto de

Lei de Fomento do Ecossistema das Empresas Emergentes foi contemplada a criação de um novo visto para trabalhadores remotos, para trabalharem à distância para empresas estrangeiras e residir no país sem necessidade de um visto de trabalho regular (Lei das Startups). O visto para nômades digitais cobre três modalidades diferentes para estrangeiros que queiram residir na Espanha : 1) os nômades digitais; 2) os estrangeiros que trabalhem remotamente da Espanha para uma empresa sediada fora do território espanhol; 3) estrangeiros que trabalhem em uma empresa estrangeira na Espanha, incluindo o setor audiovisual.

O anteprojeto de lei entende como "nômade digital" as pessoas cujos empregos lhes permite trabalhar remotamente e trocar de residência habitualmente, compatibilizando o trabalho de alta qualificação com o turismo de imersão no país de referência.

Os requisitos que serão exigidos para que o nômade digital possa obter o visto espanhol são : 1) comprovar o exercício de uma atividade laboral ou profissional à distância para empresas radicadas fora da Espanha; 2) ser um profissional altamente qualificado (graduado ou pós-graduado universitário, com formação profissional e/ou certificação de uma escola de negócios; 3) possuir experiência profissional mínima de 3 anos.

No momento da tramitação do visto de trabalho remoto os postulantes devem demonstrar : 1) existência de uma atividade real e continuada de trabalho durante ao menos 1 ano com empresa estrangeira; 2) que os empregadores internacionais autorizam a realização de trabalho remoto.

O visto de nômade digital (teletrabalho de caráter internacional) é suficiente para garantir a residência e permissão de trabalho à distância na Espanha durante 1 ano no máximo. Não obstante, existe a possibilidade de renovação por mais 2 anos (e assim sucessivamente) enquanto cumpridos os requisitos. Os nômades digitais podem trabalhar para si mesmos ou para empregadores em qualquer lugar do mundo.

7. Conclusões

No passado era frequente o interesse dos países buscarem atrair indústrias para estabelecimento de suas unidades produtivas, através da concessão de incentivos fiscais, flexibilização de normas ambientais, criação de zonas francas, com o objetivo de criação de empregos para aproveitamento da mão de obra nacional eventualmente desocupada.

Atualmente, com a predominância do trabalho realizado à distância, o interesse dos países voltou-se para atrair trabalhadores e prestadores de serviços sem necessidade de instalação de empresas, exceto as destinadas à produção industrial.

Portanto, o trabalho remoto constitui no pós-pandemia atividade predominante realizada fora das dependências físicas do empregador, por meio de ferramentas tecnológicas e digitais, sendo a mais recente modalidade conhecida pela expressão nômade digital, que executa suas atividades de qualquer país do globo.

Ainda que o nômade digital não tenha base fixa de trabalho, na medida em que a prestação de serviços à distância é realizada com o auxílio de tecnologias da informação e da comunicação, ao ser contratado para execução de trabalho em qualquer país e pelo simples fato de não estar obrigado ao comparecimento diário à sede de seu tomador de serviços, não deverá, em princípio, ser considerado totalmente à margem das normas mínimas de proteção, ainda que a modalidade mais frequente seja o da prestação de serviços sob autonomia.

Na nova realidade, especialmente nos países em desenvolvimento como o Brasil, a exclusão digital é uma constante em que os trabalhadores de média idade e idosos nas economias emergentes e também em economias avançadas, usualmente encontram-se mal preparados e segundo informações dos países integrantes da OCDE, tendem a ser menos hábeis e competitivos para resolver problemas ligados à tecnologia da informação, já que possuem menos experiência no uso de computadores que os jovens trabalhadores.

Via de consequência, tão importante como a formação das novas gerações no desenvolvimento de habilidades que permitam sua eficiência na interação digital, haverão de ser implementados programas de qualificação e requalificação profissional digital para trabalhadores com idade superior a 40 anos, para os quais a passagem ao trabalho remoto com utilização das tecnologias da informação e da comunicação poderá constituir obstáculo no desenvolvimento de suas carreiras ou marcar a perda definitiva de seu posto de trabalho e sua consequente expulsão do sistema laboral.

Referências bibliográficas

Nômades Digitais: qual regra seguir? Pinheiro Neto Disponível em: <https://www.pinheironeto.com.br/publicacoes>.

Por que brasileiros não podem ser trabalhadores nômades. Disponível em: <https://www.dmtemdebate.com.br>.

Disponível em: <https://www.migalhas.com.br/depeso/337867/futuro-do-trabalho-e-o-protagonismo-dos-nomades-digitais--aspectos-juridicos-sob-a-otica-do-direito-do-trabalho>.

Nômades Digitais – Aspectos gerais imigratórios e trabalhistas. Disponível em: <https://drummondadvisors.com>.

Disponível em: <https://nomadgirl.co/countries-with-digital-nomad-visas/>.

Alejandra Nuño. NIUS, 28 de noviembre de 2021. La gran desbandada laboral: “La gente no quiere seguir trabajando así”.

Disponível em: <https://in.gov.br/en/web/dou/-/resolucao-cnig-mjsp-n-45-de-9-de-setembro-de-2021-375554693>.

L’EDITORIALE DI LUCA FAILLA – 04 GIUGNO 2022 ORE 06:00. Nomadi digitali del lavoro. Un’opportunità da non perdere per le aziende Luca Failla – Professore a contratto di diritto del lavoro presso l’Università degli Studi LUM.

ESPERANZA MACARENA SIERRA BENÍTEZ. La protección social en la encrucijada. La expansión del trabajo remoto y la recepción en Europa de los nómadas digitales. *E-Revista Internacional de la Protección Social*, 2021, vol VI, n. 2, ISSN 2445-3269.

A Regulação Jurídica do Trabalho sob Demanda na Califórnia: Lições Aprendidas para o Brasil

Adriana Calvo[1]

Introdução

O ponto de partida para estudo das novas relações de trabalho oriundas da 4ª Revolução Industrial (Revolução Digital) é, sem dúvida, a chamada "*gig economy*", conhecida como a "*economia dos bicos*".

A gíria *gig* surgiu no mundo musical por volta dos anos de 1960 nos EUA para designar pequenos cachês e espetáculos, nos quais os músicos amadores eram remunerados por pequenos caches ou às vezes apenas por diversão[2]. Esta expressão transportada para o mundo de trabalho veio a designar o trabalho precário e efêmero prestado por trabalhadores que executam tarefas certas e de curta duração sob a intermediação de plataformas.

Valério de Stefano explica que a economia do bico se divide em 2 (dois) modelos preponderantes: o trabalho da multidão (*crowdwork*) e o trabalho sob demanda (*on demand)*, sendo esta última que ocorre preponderantemente via aplicativos[3].

---

(1) Doutora e Mestre em Direito das Relações Sociais pela PUC-SP. Realizando estágio Pós-Doutoral na Faculdade de Direito da USP (2023/2024). Professora Convidada de Direito do Trabalho do Curso FGV Direito RJ. Professora de Direito do Trabalho do curso de Graduação do Mackenzie/SP. Membro do Grupo de Pesquisa da USP (GETRAB). Membro do Grupo de Pesquisa da USP (GEMDIT). Ex-Conselheira da AATSP (biênio 2021/2022). Advogada trabalhista.

(2) DE GROOT, C. *Employment and independent contractor relationships in the 'gig economy'.* Leiden Law Blog. Disponível em: <https://leidenlawblog.nl/articles/employment-and-independent-contractor-relationships-in-the-gig-economy>. Acesso em: 1º fev. 2022.

(3) DE STEFANO, Valerio. The rise of the "just-in-time workforce": on-demand work, crowdwork, and labor protection in the "gig-economy". *Comparative Labor Law & Policy Journal*, v. 37, n. 3, p. 471-504, 2016.

O tema central deste artigo é o trabalho sob demanda em plataformas digitais, sendo que neste tipo de trabalho os trabalhadores prestam um serviço (como uma entrega ou um transporte) mediante uma solicitação, por meio de uma plataforma ou um aplicativo (como por exemplo: a Uber) que conecta diretamente os consumidores solicitantes com esses trabalhadores, os quais são remunerados por cada serviço prestado.

Neste artigo, será estudado o precedente da Dynamex (*Dynamex Operations W. v. Superior Court)* proferido pela Suprema Corte Estadual da Califórnia em abril de 2018. Na sequência, será analisado o projeto de lei conhecido como "AB5" (*assembly bill 5)* que codificou o conteúdo da decisão do caso Dynamex.

Por fim, o foco será a Proposição 22 que classificou os trabalhadores sob demanda como autônomos (*independent contractors*), garantindo alguns direitos trabalhistas mínimos e a recente decisão proferida pelo juiz Frank Roesch da Corte Superior de Alameda (Califórnia) que considerou que a Proposição 22 inconstitucional em 20 de agosto de 2021 (Castellanos x Califórnia, caso n. RG 21088725).

O Vale do Silício localizado na Califórnia é conhecido como o local que abriga o maior número de plataformas digitais do mundo, logo não é por acaso que a costa oeste dos EUA tem sido também um local de intensa regulação jurídica sobre o trabalho sob demanda em plataformas digitais.

1. Califórnia: berço do surgimento das plataformas digitais e das disputas regulatórias nos EUA

A Califórnia é o estado mais rico e populoso dos Estados Unidos, que representa cerca de 14,7% do PIB, abriga 12% da população do país e detém, respectivamente, cerca de 9% e 16% das corridas totais da Uber e da Lyft, duas das maiores plataformas de transporte de passageiros nos EUA(4).

O Vale do Silício pode ser considerado o berço das plataformas digitais e não é por acaso que que a Uber Technologies Inc. foi fundada oficialmente em junho de 2010, na cidade de São Francisco, nos Estados Unidos(5).

O Vale do Silício (*Silicon Valley)* é composto por pequenas cidades no centro da Califórnia localizadas a cerca de 60 quilômetros do Sul de San Francisco até San Jose (*cidades como Palo Alto, Santa Clara, San José, Campbell, Cupertino, Fremont, Los*

(4) TILT. *Uber ameaça parar na Califórnia, mas recua depois de decisão favorável.* Disponível em: <https://www.uol.com.br/tilt/noticias/redacao/2020/08/20/uber-ameaca-parar-na-california-mas-recua-depois-de-decisao-favoravel.htm?cmpid=copiaecola>. Acesso em: 23 mar. 2022.

(5) *Missão ao berço da tecnologia.* Disponível em: Missão ao berço da tecnologia | Blog Datacoper. Acesso em: 1º maio 2022.

Altos, Los Gatos, Menlo Park, Mountain View, Milpitas, Newark, Redwood City, Saratoga, Sunnyvale e Union City).

No "*Silicon Valley*" nasceram empresas como Apple, Facebook, Google, NVidia, Electronic Arts, Symantec, AMD, Ebay, Yahoo!, HP, Intel e Microsoft, além da Adobe e Oracle.

Alguns estudos apontam que o aumento do custo para as empresas de plataformas digitais registrarem todos os trabalhadores como empregados seria de pelo menos 30%, enfim como pode se perceber, um custo bem menor que no Brasil, mas mesmo assim relevante para o debate norte-americano.

Não é por acaso também que a costa oeste dos EUA tem sido um local de intensa regulação jurídica com conflituosos e infindáveis debates judiciais. Além disso, não é demais dizer que as decisões regulatórias tomadas na Califórnia e nos demais Estados da costa oeste dos EUA envolvendo empresas de tecnologia atraem atenção de todo o mundo, inclusive do Brasil.

2. O precedente (*leading case*) da Dynamex e o projeto de lei conhecido como "AB5" (*Assembly Bill 5*)

O maior desafio ao modelo uberista vem justamente do lugar onde a gigante UBER foi criada: a Califórnia. É nesse lugar que a história regulatória começa com o precedente (*leading case*) da Dynamex (*Dynamex Operations W. v. Superior Court and Charles Lee, Real Party in Interest,* 4 Cal.5th 903), decisão proferida pela Suprema Corte Estadual da Califórnia em abril de 2018.

Para aqueles que nunca ouviram falar da Dynamex, vale a pena aqui uma breve pausa para descrever essa empresa. A Dynamex é uma empresa pequena, que presta serviços de entrega de encomendas e que adotava exatamente o mesmo modelo de funcionamento como a UBER.

Os motoristas da Dynamex tinham que possuir seus próprios veículos e se cadastrar no *site* da empresa para prestar serviços. Eles são convocados mediante chamadas por aplicativos, recebendo um pagamento específico por cada tarefa executada.

Os trabalhadores da Dynamex ajuizaram uma ação coletiva trabalhista (*employment class action*) pretendendo o reconhecimento dos trabalhadores como empregados (*employees*).

Cássio Casagrande aborda a importância extraordinária desse julgamento: "o Judiciário da Califórnia estabeleceu um 'teste', para determinar se trabalhadores de empresas por aplicativos são ou não empregados. Esse *standard* estabelece três requisitos para determinar se o empregado pode, de fato, ser considerado como *'independent contractor'*, e a corte californiana descreveu-os em três alíneas (a, b e c). Por isso, o critério passou a ser conhecido como 'ABC test'".[(6)]

Da análise do julgamento do caso Dynamex podemos encontrar os requisitos para configurar uma relação de emprego, quais sejam: a) que o trabalhador seja livre de controle e direção da entidade contratante relativamente ao desempenho no trabalho, tanto sob o aspecto formal (termos do contrato), como no aspecto material (relação de fato); b) que o trabalhador desempenhe um trabalho que esteja fora do negócio principal da entidade contratante; e c) que o trabalhador esteja habitualmente engajado em um negócio, ocupação ou comércio da mesma natureza do trabalho desempenhado.

Timothy Kim explica que a importância do novo precedente foi que a Suprema Corte da Califórnia reinterpretou e, finalmente, rejeitou o teste de Borello de 1989 que continha 11 (onze) requisitos para determinar se os trabalhadores deveriam ser classificados como empregados (*"employees"*) ou autônomos (*"independent contractors")* e passou a aplicar o teste ABC[(7)] com somente 3 (três) requisitos".

O autor lembra também que este precedente é inovador, uma vez que o tribunal adotou como regra a presunção de vínculo de emprego, fazendo com que a Dynamex assumisse o pesado ônus de fazer prova em sentido contrário[(8)].

No mesmo sentido, Renan Bernardi Calil aborda a questão do ônus de prova: *"note-se que há uma inversão das premissas para o enquadramento dos trabalhadores: a partir dessa regra, todos os trabalhadores que desempenham atividades mediante contraprestação pecuniária são considerados como empregados, com exceção daqueles que trabalham mediante os três requisitos que caracterizam o trabalho autônomo*[(9)]*."*

Quase um ano após o "*leading case*" da Dynamex, a senadora Lorena Gonzalez apresentou um projeto de lei conhecido como "AB5" ("*Assembly Bill 5*") na Assembleia

---

(6) CASAGRANDE, Cássio. *O sonho da Califórnia:* o caso Dynamex e a esperança contra o pesadelo uberista. Disponível em: <http://abet-trabalho.org.br/california-dreamin-o-caso-dynamex-e-a-esperanca-contra-o-pesadelo-uberista/>. Acesso em: 1º jan. 2023.

(7) KIM, Timonthy. The Dynamex decision: the California Supreme Court Restricts use of independent contractors. *Labor Employment Law Blog*. Disponível em: <https://www.laboremploymentlawblog.com/2018/05/articles/class-actions/dynamex-decision-independent-contractors/>. Acesso em: 1º fev. 2022.

(8) KIM, Timonthy. The Dynamex decision: the California Supreme Court Restricts use of independent contractors. *Labor Employment Law Blog*. Disponível em: <https://www.laboremploymentlawblog.com/2018/05/articles/class-actions/dynamex-decision-independent-contractors/>. Acesso em: 1º fev. 2022.

(9) KALIL, Renan Bernardi. *A regulação do trabalho via plataformas digitais*. São Paulo: Blucher, 2020. p. 226.

Legislativa do Estado da Califórnia, com o objetivo de codificar o conteúdo da decisão do caso Dynamex em uma legislação estadual[10].

Aqui um breve esclarecimento, diferentemente do que ocorre no Brasil, em que a competência para legislar sobre questões trabalhista é exclusiva da União, nos EUA os Estados têm competência para legislar sobre questões laborais.

Nos EUA, há diversas leis federais que tratam sobre Direito do Trabalho, como por exemplo: a legislação sobre salários e jornada de trabalho (*The Fair Labor Standards Act — FLSA*), saúde e segurança no trabalho (*The Occupational Safety and Health Act — OSHA*), discriminação (*The Age Discrimination in Employment Act-ADEA/ The Equal Pay Act — EPA/ The Pregnancy Discrimination Act — PDA*), dentre outras.

O projeto de lei conhecido como "AB5" (*Assembly Bill 5*) foi promulgado pelo governador da Califórnia Gavin Newsom em setembro de 2019 e a lei entrou em vigor em 1º.01.2020.

A nova legislação introduziu a seção n. 2750.3 ao Código de Trabalho da Califórnia, estabelecendo que uma pessoa realizando trabalho ou prestando serviços em troca de remuneração deve ser considerada empregada ao invés de autônoma, a menos que a empresa contratante demonstre as três condições previstas no *"teste ABC"*.[11]

Ana Paula Silva Campos Miskulin faz importante ressalva a respeito: "a referida lei não se aplica especificamente aos trabalhadores que se ativam por meio de plataformas digitais, e sim aos trabalhadores em geral, observadas as exceções de algumas profissões mencionadas na lei tais como corretores de seguros, consultores de investimentos, entre outros"[12].

3. A Proposição 22 ("Proposition 22") e o debate da sua (in)constitucionalidade

As grandes plataformas digitais (como Uber e Lyft) se recusavam a cumprir o AB 5 e ameaçavam sair do Estado se fossem obrigadas a classificar seus trabalhadores como empregados. Diante disso, o Estado da Califórnia ajuizou uma ação judicial para obrigá-las a respeitar o AB5.

---

(10) *Como o projeto de lei AB5 afeta os autônomos.* Disponível em: <https://hacklerflynnlaw.com/how-assembly-bill-5-ab5-will-affect-independent-contractors/>. Acesso em: 1º maio 2022.

(11) *Como o projeto de lei AB5 afeta os autônomos.* Disponível em: <https://hacklerflynnlaw.com/how-assembly-bill-5-ab5-will-affect-independent-contractors/>. Acesso em: 1º maio 2022.

(12) MISKULIN, Ana Paula Silva Campos. *Aplicativos e Direito do Trabalho:* a era dos dados por algoritmo. São Paulo: JusPodivm, 2021. p. 216.

Enquanto isso, as plataformas Uber, Lyft, DoorDash e Instacart buscaram uma alternativa para não cumprir o AB5: propor uma proposição (similar a uma iniciativa popular no Brasil) chamada de *App-Based Drivers as Contractors and Labor Policies Initiative,* conhecido como Proposition 22 (Proposição 22).

Nos EUA, o mais comum é a iniciativa popular direta, ou seja, a proposta vai direto para as cédulas de votação. Esse modelo não é considerado nem referendo e nem plebiscito. Nos últimos anos, os eleitores americanos já decidiram mais de 146 proposições (conhecidas como "Props)" em 41 Estados(13).

A Proposição 22 propôs classificar os trabalhadores sob demanda como autônomos (*independent contractors*) e excluiu a possibilidade de serem considerados empregados desde que observadas algumas condições:

a) a plataforma não determine unilateralmente datas específicas, horários ou um número mínimo de horas durante os quais o trabalhador autônomo deve estar conectado ao aplicativo;

b) a plataforma não exija que o trabalhador aceite serviços específicos ou faça exigências de prestação de determinados serviços como condição para manter o acesso ao aplicativo;

c) a plataforma não restrinja o trabalhador de prestar serviços para outras plataformas, exceto durante o tempo ativo no aplicativo e;

d) a plataforma não restrinja o trabalhador de trabalhar em qualquer outra ocupação ou negócio.

A Proposição 22 garantia alguns direitos mínimos tais como: salário mínimo relativo às horas trabalhadas, subsídios para plano de saúde (*health care subsidy)* e seguro contra acidentes e morte acidental *(loss and liability protection*), proibia discriminação e assédio no trabalho.

Os custos despendidos em prol das campanhas *pró e contra* a Proposição 22 foram de aproximadamente U$ 184 milhões oriundos das megas *startups* (Uber, Lyft, Doordash, etc), enquanto os U$ 10 milhões do projeto em favor dos trabalhadores foram arrecadados através de campanhas dos sindicatos(14).

---

(13) *Prop votadas nos EUA não são plebiscito ou referendo.* Disponível em: <https://g1.globo.com/mundo/noticia/2014/11/props-votadas-nos-eua-nao-sao-plebiscito-ou-referendo-entenda.html>. Acesso em: 05 out. 2022.

(14) *A caixa de Pandora "Uberiana".* Como a proposição 22 da Califórnia representa o marco atual mais relevante de colisão de direitos trabalhistas. Disponível em: <https://gabrielmoraisoliveira.jusbrasil.com.br/artigos/1131784329/a-caixa-de-pandora-uberiana-como-a-proposicao-22-da-california-representa-o-marco-atual-mais-relevante-de-colisao-com-os-direitos-trabalhistas>. Acesso em: 1º out. 2022.

O resultado foi que em 3 de novembro de 2020, houve o plebiscito e a proposição 22 (Prop 22) foi aprovada com 58,6% dos votos a favor pelo povo da Califórnia.

Em 20/08/2021, o juiz Frank Roesch da Corte Superior de Alameda considerou que a Proposição 22 era inconstitucional (Castellanos contra Estado da Califórnia, Caso n.. RG21088725). No entender da Corte Superior de Alameda, a proposição violava regras constitucionais da Califórnia de competência do Poder Legislativo para promover alterações na legislação trabalhista, uma vez que somente permitia alterações com a aprovação de 7/8 do quórum dos congressistas da Califórnia.

O juiz Frank Roesch sustentou também que a Proposição 22 infringia os princípios de isonomia salarial, tendo em vista que favorecia desproporcionalmente as empresas de aplicativos de transporte ao definir que os motoristas por aplicativo são autônomos.

A Uber recorreu da decisão de inconstitucionalidade, contudo, a Proposição 22 continua em vigor enquanto isso[15]. O processo está atualmente na está na 1ª Turma da Corte de Apelação da Califórnia (Castellanos *et al.* v. State of California *et al.*, número A163655).

Em pesquisa ao site[16] do Tribunal de Apelação da Califórnia, consta como último andamento a apresentação de argumentos orais pelas partes em 12.12.2022.

Thais G. P. Venturi alerta sobre os primeiros impactos da decisão do juiz Frank Roesch que: "*a partir dessa decisão de inconstitucionalidade, a Suprema Corte da Califórnia vem rejeitando pedidos de revisão apresentados pelas empresas de tecnologia no sentido da aplicação da proposição 22*"[17].

Enfim, como pode-se perceber, este debate regulatório na Califórnia está longe de chegar ao seu fim, uma vez que da decisão do Tribunal de Apelação da Califórnia é possível haver recurso para a Suprema Corte da Califórnia.

---

(15) *Dois passos para trás para a economia de bicos após o juiz da corte Superior da Califórnia julgar o AB5 inconstitucional.* Disponível em: <https://lewisbrisbois.com/newsroom/legal-alerts/two-steps-backward-for-gig-economy-businesses-after-california-superior-court-proposition-2-decision>. Acesso em: 1º fev. 2022.

(16) *Site* do Tribunal de Apelação da California: <https://appellatecases.courtinfo.ca.gov/search/case/mainCaseScreen.cfm?dist=1&doc_id=2364232&div=4&doc_no=A163655&request_token=NiIwLSEmPkg%2BWyBZSyNdXENJQDw6UVxfJSIuXz9SICAgCg%3D%3D>.

(17) VENTURINI. Thais G. P. *Os desafios da regulação e da resolução de conflitos gerados pelas GIG Economy Companies: o caso da Uber.* Disponível em: <https://www.migalhas.com.br/coluna/direito-privado-no-common-law/360072/regulacao-e-resolucao-de-conflitos-gerados-pelas-gig-economy-companies>. Acesso em: 10 out. 2022.

4. Considerações finais

Este artigo não objetivou adentar no mérito da natureza jurídica do tipo de trabalho prestado pelo trabalhador sob demanda, pois o nosso enfoque foi direcionado à questão das diferentes formas de regulação jurídica, utilizando-se como padrão a experiência americana da costa oeste dos EUA.

Fato é que as plataformas digitais se aproveitam deste descompasso entre passado e presente e sustentam como se fosse um mantra que esta nova forma de trabalho é tipicamente autônoma e que estes trabalhadores são verdadeiros empreendedores dos seus próprios negócios.

Este discurso embora fascinante num primeiro momento se choca com a realidade e estes trabalhadores acabam procurando a Justiça do Trabalho, buscando serem reconhecidos nos tribunais como empregados na Califórnia assim como no Brasil e outros países do mundo.

O debate na California parece que se estenderá ainda por um bom tempo e de forma acirrada. Segundo os defensores da proposta 22, esta é uma necessidade comercial para que as empresas continuem oferecendo aos motoristas trabalho em horários flexíveis e aos consumidores continuem usufruindo do serviço a preços baixos. Já os que são contra alegam que as gigantes minam a estabilidade do emprego e exploram os motoristas.

Enquanto legisladores se debatem em soluções entre lobbies e conflitos de interesse, a litigiosidade aumenta na mesma proporção que aumentam os trabalhadores que aderem a esta nova forma de trabalhar e os institutos tradicionais de Direito do Trabalho não conseguem solucionar o conflito.

As opções legislativas da California são reflexo dessa dificuldade dos legisladores (e também doutrinadores) em tratar com os novos fenômenos advindos da revolução tecnológica e seus reflexos no mundo do trabalho.

Enfim, espera-se que este artigo tenha atingido seu objetivo de ampliar os conhecimentos jurídicos no Brasil sobre as decisões regulatórias tomadas na Califórnia e que a partir destes ensinamentos algumas lições possam ser aprendidas para o Brasil.

5. Referências bibliográficas

Brasil

BARBOSA JUNIOR, Francisco de Assis. Gig economy. In: BARBOSA JUNIOR, Francisco de Assis. *Gig economy e contrato de emprego:* aplicabilidade da legislação trabalhista aos vínculos de trabalho da nova economia. 2. ed. São Paulo: LTr, 2021. p. 29-59. Cap. II.

CARDOSO, Ana Claudia Moreira; ARTUR, Karen; OLIVEIRA, Murilo Carvalho Sampaio. O trabalho nas plataformas digitais: narrativas contrapostas de autonomia, subordinação, liberdade e dependência. *Revista Eletrônica do TRT da Bahia*, Salvador, BA, v. 9, n. 13, p. 138-176, maio 2021. Disponível em: <https://hdl.handle.net/20.500.12178/188681>. Acesso em: 23 mar. 2022.

CASAGRANDE, Cássio. *O sonho da Califórnia:* o caso Dynamex e a esperança contra o pesadelo uberista. Disponível em: California dreamin': o caso Dynamex e a esperança contra o pesadelo uberista. Disponível em: <abet-trabalho.org.br>. Acesso em: 1º jan. 2023.

CHAVES JUNIOR, José Eduardo de Resende; OLIVEIRA, Murilo Carvalho Sampaio; OLIVEIRA NETO, Raimundo Dias de. Plataformas digitais e vínculo empregatício? os indícios de autonomia, subordinação e dependência. *Revista dos Tribunais*, São Paulo, v. 110, n. 1.034, p. 319-334, dez. 2021.

FELICIANO, Guilherme Guimarães; PASQUALETO, Olívia de Quintana Figueiredo. (Re)descobrindo o direito do trabalho: gig economy, uberização do trabalho e outras reflexões. In: FELICIANO, Guilherme Guimarães; MISKULIN, Ana Paula Silva Campos (Coords.). *Infoproletários e uberização do trabalho:* direito e justiça em um novo horizonte de possibilidades. São Paulo: LTr, 2019.

FREITAS JÚNIOR, Antonio Rodrigues de. *On demand:* trabalho sob plataformas digitais. Belo Horizonte: Arraes Editores, 2020.

______. SLOSBERGAS, Luciana Barcellos. *Missão ao berço da tecnologia*. Disponível em: <http://blog.datacoper.com.br/missao-silicon-valley>. Acesso em: 1º maio 2022.

______; SILVA, Victor Raduan. *The uberization of work and the legal regulation:* the challenge of labor protection in semi-peripheral economies. Sept. 2017. Disponível em: <http://www.labourlawresearch.net/sites/default/files/papers/FINAL%20LLRN3-1.02-Freitas-Junior-Silva%20copy.pdf>. Acesso em: 10 fev. 2022.

GAURIAU, Rosane. Breves considerações sobre a regulação do trabalho em plataformas digitais na União Europeia, na França e no Brasil. *Revista do TST*, São Paulo, v. 87, n. 3, p. 71-94, jul./set. 2021. Disponível em: <https://hdl.handle.net/20.500.12178/195276>. Acesso em: 23 mar. 2022.

KALIL, Renan Bernardi. *A regulação do trabalho via plataformas digitais.* São Paulo: Blucher, 2020.

MISKULIN, Ana Paula Silva Campos. *Aplicativos e Direito do Trabalho:* a era dos dados por algoritmo. São Paulo: JusPodivm, 2021.

PRATA, Marcelo Rodrigues. *Uberização nas relações de trabalho:* trabalho sob demanda via aplicativos. Curitiba: Juruá, 2021.

ROCHA, Cláudio Jannotti da; OLIVEIRA, Marcos Paulo da Silva. A quarta revolução tecnológica e o trabalho na gig economy: limites e fronteiras do direito do trabalho na proteção dos trabalhadores em aplicativos. *Revista do Trabalho e Seguridade Social.* São Paulo, v. 47, n. 216, mar./abr. 2021.

SANTOS, Ariane Joice dos; MANUS, Pedro Paulo Teixeira. A desproteção do trabalhador na economia compartilhada e a necessidade de observância dos direitos fundamentais sociais mínimos. *Revista de Direito do Trabalho e Seguridade Social*, São Paulo v. 48, n. 221, jan./fev. 2022.

SILVA, Victor Raduan. The uberization of work and the legal subordination. The case of Brazil. *Onati Network Research Paper Digest*, april 2018, vol. 1, issue 1, p. 136-153.

TILT. *Uber ameaça parar na Califórnia, mas recua depois de decisão favorável.* Disponível em: <https://www.uol.com.br/tilt/noticias/redacao/2020/08/20/uber-ameaca-parar-na-california-mas-recua-depois-de-decisao-favoravel.htm?cmpid=copiaecola>. Acesso em: 23 mar. 2022.

EUA e internacional

BATEY, Eve. *Aquele aumento de preço que os aplicativos de entrega ameaçaram se o Prop 22 falhou?* Está acontecendo de qualquer maneira. Disponível em: <https://sf.eater.com/2020/12/15/22176413/uber-eats-doordash-price-hike-fee-december-prop-22>.

Como o projeto de lei AB5 afeta os autônomos. Disponível em: How Assembly Bill 5 (AB5) Affects Independent Contractors. Disponível em: <hacklerflynnlaw.com>. Acesso em: 1º maio 2022.

CHRIS BENNER, Erin Johansson, Kung Feng & Hays Witt. *On-Demand e On-the-Edge: Ride-hailing and Delivery Workers em São Francisco.* Instituto da Universidade de Santa Cruz. Disponível em: <https://transform.ucsc.edu/wpcontent/uploads/2020/05/OnDemandOn-theEdge_ExecSum.pdf>. Acesso em: 1º jun. 2022.

DE GROOT, C. (2018). Employment and independent contractor relationships in the 'gig economy. *Leiden Law Blog*, 19 february. Disponível em: <https://leidenlawblog.nl/articles/employment-and-independent-contractor-relationshipsin-the-gig-economy>. Acesso em: 1º fev. 2022.

DE STEFANO, Valerio. The rise of the "just-in-time workforce": on-demand work, crowdwork, and labor protection in the "gig-economy". *Comparative Labor Law & Policy Journal*, v. 37, n. 3, 2016.

DICKEY, trabalhadores da economia dos bicos na Califórnia dizem que prop. 22 não está entregando benefícios prometidos. *Protocol*, 25 maio 2021. Disponível em: <https://www.protocol.com/policy/gig-workers-prop-22-benefits>. Acesso em: 25 jun. 2022.

Dois passos para trás para a economia de bicos após o juiz da corte Superior da California julgar o AB5 inconstitucional. Disponível em: <https://lewisbrisbois.com/newsroom/legal-alerts/two-steps-backward-for-gig-economy-businesses-after-california-superior-court-proposition-2-decision>. Acesso em: 1º maio 2022.

DUBAL, Veena. The New Racial Wage Code. *Hastings Law & Policy Review*. Disponível em: <https://papers.ssrn.com/sol3/papers.cfm? abstract_id=3855094>. Acesso em: 1º abr. 2022.

EUA: Estado de Washington aprova projeto de lei de trabalhadores de gig contencioso apoiado pela Uber & Lyft que consolida *status* de contratante independente. Centro de Recursos de Negócios & Direitos Humanos. Disponível em: https://www.business-humanrights.org/en/latest-news/usa-washington-state-passes-contentious-gig-worker-bill-supported-by-uber-lyft-that-cements-independent-contractor-status-incl-co-comment/>. Acesso em: 05 maio 2022.

HUSSAIN, Suhauna. Prop 22. foi derrubado para baixo; O Poder Governante vai ficar? Uber e outras empresas gig planejam apelar; Pode se arrastar por mais de um ano. *L.A. Times*, 26 ago. 2021.

JACOBS, Ken & Michael Reich. A Iniciativa de Cédulas Uber/Lyft garante apenas US$ 5,64 por hora. *UC Berkeley Labor Center*, 31 out. 2019. Disponível em: <https://laborcenter.berkeley.edu/the-uber-lyft-ballot-initiative-guarantees-only-5-64-an-hour-2/>. Acesso em: 1º abr. 2022.

KIM, Timonthy. The Dynamex decision: the California Supreme Court Restricts use of independent contractors. *Labor Employment Law Blog*. Disponível em: <https://www.laboremploymentlawblog.com/2018/05/articles/class-actions/dynamex-decision-independent-contractors/>. Acesso em: 1º fev. 2022.

Muitos trabalhadores de Oregon têm benefícios regulares de desemprego. Eis os motivos porque isso importa. *OPB*. Disponível em: <https://www.opb.org/article/2021/01/14/gig-workers-employees-unemployment-pua-oregon/>. Acesso em: 10 maio 2022.

O Prop 22 foi um fracasso para os trabalhadores baseados em aplicativos da Califórnia. agora, também é inconstitucional. Disponível em: <https://www.nelp.org/blog/prop-22-unconstitutional/>. Acesso em: 1º mar. 2022.

PAUL, K. Prop 22: why Uber's victory in California could harm gig workers nationwide. *The Guardian*, 2020. Disponivel em: <https://www.theguardian.com/us-news/2020/nov/11/california-proposition-22-uber-lyft-doordash-labor-laws>. Acesso em: 10 mar. 2022.

PHAM,Grace. The Launch of a New Coalition: Protecting the Rights of Gig Workers in Massachusetts. *Massachusetts Jobs with Justice*, 29 jun. 2021. Disponível em: <https://www.massjwj.net/blog/2021/6/29/the-launch-of-a-new-coalition-protecting-the-rights-mensright-of-gigworkers-in-massachusetts>. Acesso em: 1º jul. 2022.

PRASSL, Jeremias. Autonomous Concepts in Labor Law? In: Bogg, Alan *et al.* (Ogs.). *The autonomy of Labor Law*. London: Bloomsbury Publishing 205.

Projetos de lei estaduais propostos classificando trabalhadores como empregados podem afetar a forma como a contratação independente funciona na indústria de caminhões. *MTAC*. Disponível em: <https://mtac.us/proposed-state-bills-classifying-gig-workers-as-employees-can-affect-the-way-independent-contracting-works-in-trucking-industry/>. Acesso em: 10 maio 2022.

Projeto de lei no estado de Washington seria o primeiro a barrar motoristas de Uber e Lyft de serem classificados como funcionários. *O Markup*. Disponível em: <https://themarkup.org/news/2022/03/04/bill-in-washington-state-would-be-first-to-bar-uber-and-lyft-drivers-from-being-classified-as-employees>. Acesso em: 05 maio 2022.

ONGWESO JR, Edward. Um plano para domar sindicatos para Uber e Lyft foi sucateado em Nova York. *Vice*, 9 jun. 2021.

RAYMOND, Nate & Tina Bellon. Grupos Apoiados pela Uber, Lyft Empurra Massachusetts Gig Worker Ballot Initiative. *Reuters*, 4 ago. 2021.

SIDDIQUI, Faiz. Uber diz que quer trazer leis como o Prop 22 para outros Estados. *Washington Post*, 5 nov. 2020. Disponível em: <https://www.washingtonpost.com/technology/2020/11/05/uberprop22/>. Acesso em: 04 abr. 2022.

TIPPETT, Elizabeth. Employee classification in the sharing economy. In: DAVIDSON, Nestor; INFRANCA, John; FINCK, Michèle (Eds.). *The Cambridge handbook of law and regulation of the sharing economy*. New York: Cambridge University Press, 2018.

______; ALEXANDER, Charlotte. The hacking of Employment Law. *Missouri Law Review*, vol. 82, n. 4, Fall, 2017.

______; SCHAAFF, Bridget. *How concepcion and Italian colors affected terms of service contracts in the gig economy.* Disponível em: <http://rutgerslawreview.com/wp-content/uploads/2018/09/How-Concepcion-and-Italian-Colors-Affected-Terms-of-Service-Contracts-in-the-Gig-Economy.pdf>. Acesso em: 1º abr. 2022.